Eva Janik & Marion Lanzl

Frühstücken in Regensburg

EVA JANIK & MARION LANZL

FRÜHSTÜCKEN *in Regensburg*

EINE KULINARISCHE REISE
DURCH DIE DOMSTADT

Bibliografische Information der Deutschen Nationalbibliothek

Die Deutsche Nationalbibliothek verzeichnet diese Publikation in der Deutschen Nationalbibliografie; detaillierte bibliografische Daten sind im Internet über http://dnb.dnb.de abrufbar.
ISBN 978-3-86646-376-9

1. Auflage 2019
ISBN 978-3-86646-376-9

www.battenberg-gietl.de

Vorwort

Frühstücken liefert die perfekte Basis für einen genussvollen Start in den Tag und bietet den idealen Rahmen für ein Treffen mit Freunden oder der Familie! Meist landet man aber aus Gewohnheit in den zwei oder drei Lokalen, die man bereits kennt. Die Frage um die erste (und vielleicht auch wichtigste) Mahlzeit des Tages wird zwar nach wie vor auf sämtlichen Social-Media-Kanälen diskutiert, aber es gab bis dato in Regensburg kein gesammeltes Werk, das sich in gedruckter und nachhaltiger Form damit beschäftigt. Dabei hat das Angebot in der Domstadt so einiges zu bieten!

Eva Janik

Marion Lanzl

Das wollen wir jetzt ändern: Mit diesem Buch möchten wir Sie gerne in die Regensburger Frühstückswelt entführen und in das ein oder andere Lokal lotsen, das Sie bislang noch nicht gekannt oder besucht haben. Wir freuen uns sehr, dass Sie es gerade in Ihrer Hand halten und unsere Leidenschaft für ein gutes Frühstück teilen. Wir wünschen Ihnen eine wunderbare Entdeckungsreise, tolle Momente mit Ihrer Begleitung und viel Freude beim Genießen!

Ihre
Eva Janik und Marion Lanzl

EVA & Marion

„Durch die Leidenschaften lebt der Mensch, durch die Vernunft existiert er bloß."

Nicolas Chamfort

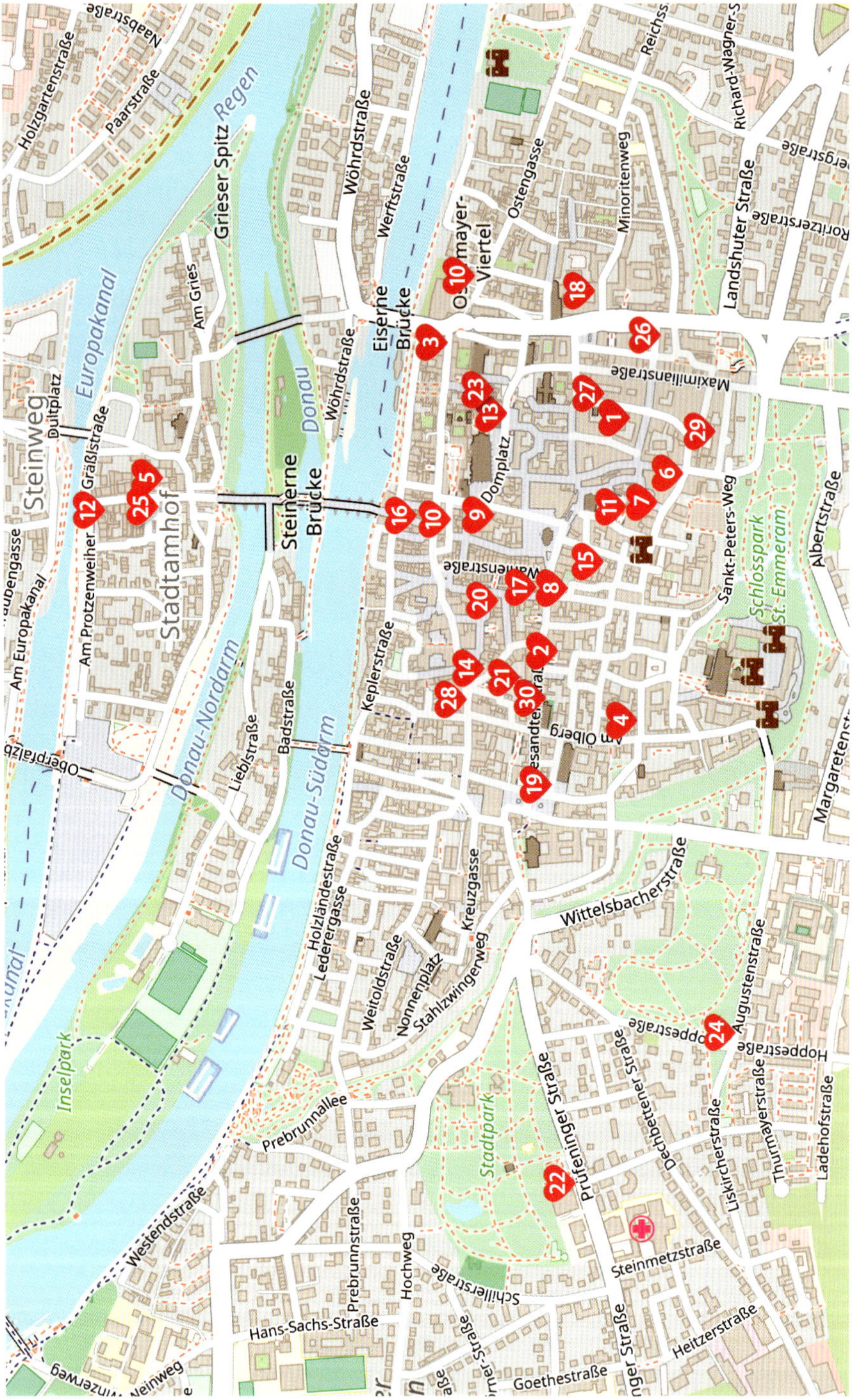

Naabstraße
Holzgartenstraße
Paarstraße
Regen
Grieser Spitz
Wöhrdstraße
Werftstraße
Ostenmayer-Viertel
Ostengasse
Minoritenweg
Reichss
Richard-Wagner-S
Landshuter Straße
Moritzerstraße
Europakanal
Am Gries
Eiserne Brücke
Donau
Wöhrdstraße
Maximilianstraße
Steinweg
Dultplatz
Gräßlistraße
Stadtamhof
Steinerne Brücke
Domplatz
Sankt-Peters-Weg
Schlosspark St. Emmeram
Albertstraße
Am Europakanal
Am Protzenweiher
Wahlenstraße
Keplerstraße
Am Ölberg
Margaretenstr
Oberpfalzbr
Donau-Nordarm
Liebigstraße
Badstraße
Donau-Südarm
Holzländestraße
Lederergasse
Kreuzgasse
Wittelsbacherstraße
Weitoldstraße
Nonnenplatz
Stahlzwingerweg
Augustenstraße
Hoppestraße
Inselpark
Prebrunnallee
Prüfeninger Straße
Stadtpark
Dechbettener Straße
Liskircherstraße
Thurmayerstraße
Ladehofstraße
Westendstraße
Prebrunnstraße
Hochweg
Schillerstraße
Steinmetzstraße
Hans-Sachs-Straße
Goethestraße
Heitzerstraße
Winzerweg
Weinweg

Inhaltsverzeichnis

vegan • glutenfrei • barrierefrei

ALLGEMEINES

FRÜHSTÜCKSLOKALE

(alphabetisch)

INTERVIEWS

Einleitung

ENTSCHEIDEND IST DER PERSÖNLICHE GESCHMACK

Essen ist mit einer Leidenschaft und vielen Emotionen verbunden. Und auch wenn man versucht, diese Leidenschaft noch so sehr an Kriterien zu knüpfen, wird es immer eine sehr persönliche Geschmackssache bleiben. In den vergangenen Monaten haben wir eine Vielzahl an Lokalen in der Regensburger Altstadt besucht. Und natürlich spiegelt sich bei unseren Berichten vorrangig unsere Meinung wider und damit die Eindrücke von zwei Freundinnen, die sich nicht anmaßen, auf Sterneniveau zu testen, sondern genau wie Sie ein gutes Frühstück schätzen.

WAS WIRD HIER SERVIERT?

Bei der Auswahl der Lokale, die wir Ihnen ans Herz legen, haben wir uns ganz bewusst gegen sogenannte „Ketten" entschieden. Regensburg verfügt über wunderbare alteingesessene und junge Cafés, Bars und Restaurants, die in Eigenregie von interessanten Menschen geführt werden. Und genau deren Geschichte und Intention möchten wir erzählen und uns damit auch ein bisschen für ihren Mut bedanken. Denn der gehört dazu, wenn man heute als Gastronom selbständig ist. Ausgeklammert haben wir außerdem – auch wenn es uns schwer fiel – die tollen Frühstücksarrangements, die Sie in den Regensburger Hotels finden. Auch deswegen, weil diese alleine bereits ein weiteres Buch füllen und damit den Rahmen sprengen würden. Darüber hinaus haben wir es respektiert, wenn sich ein Betreiber nicht mit Bild & Co.

in der Öffentlichkeit präsentieren möchte. Wenn Sie also ein Lokal vermissen, muss das nicht zwingend bedeuten, dass wir es im Buch nicht vorstellen wollten.

DAS HILFT IHNEN BEI DER ORIENTIERUNG

Neben Lage, Qualität und Service spielt nicht zuletzt auch der Preis für den Gast eine Rolle. Damit Sie sich besser orientieren können, haben wir einen „Espresso-Index" entwickelt, der Ihnen dabei helfen soll, sich leichter zurechtzufinden. Die angegebenen Preise waren zum Zeitpunkt der Drucklegung (Februar 2019) aktuell, können aber inzwischen natürlich variieren. Dieser Index liefert Aufschluss darüber, was Espresso, Cappuccino und Co. im jeweiligen Lokal kosten. Gleich darunter erwartet Sie eine Info zum günstigsten und zum teuersten Frühstück, wahlweise inklusive Heißgetränk (*inkl.* ☕). Hierbei handelt es sich immer um das Frühstücksangebot für eine Person, es sei denn, es ist anders angegeben. Bitte verges-

ESPRESSO-INDEX

Espresso: 2,20 €
Cappuccino: 3,60 €
Frühstück:
5,50 – 15,90 € *inkl.* ☕

BESONDERHEITEN

veganes Frühstücksangebot · glutenfrei · regionale Zutaten · selbst zusammenstellbar · inklusive Heißgetränk · hausgemachte Marmeladen · Brotmenge unbegrenzt · Frühstück an allen Öffnungstagen verfügbar · barrierefrei (Hintereingang) · kinderfreundlich · W-LAN · Reservierung erforderlich (Wochenende)

sen Sie jedoch nicht, dass viele Lokale auch tolle Arrangements für Zwei anbieten, die Sie unbedingt probieren sollten. Deshalb raten wir Ihnen: Folgen Sie Ihren (neuen) Favoriten am besten bei Facebook und/oder Instagram und lassen Sie sich inspirieren.
In der Spalte „Besonderheiten" sehen Sie außerdem auf einen Blick, ob ein Lokal beispielsweise ein veganes oder glutenfreies Frühstück anbietet, barrierefrei ist oder ob Sie vorab reservieren sollten. Alles, was für das Lokal nicht zutrifft, ist ausgegraut.

Danke

WIR MÖCHTEN AN DIESER STELLE ABER AUCH DANKE SAGEN …

… denn ohne die Unterstützung vieler, vieler Menschen wäre es jetzt gerade nicht möglich, dass Sie diese Zeilen lesen.

- angefangen bei den sympathischen Betreibern, die mit viel Herzblut und Überzeugung täglich auf die Wünsche ihrer Gäste eingehen und uns Rede und Antwort standen;
- den Menschen in unserem Familien- und Freundeskreis, die in den vergangenen Monaten so viel Verständnis für unser „Herzensprojekt" gezeigt haben
- aber auch den vielen bekannten Gesichter aus und um Regensburg, die so offen und angenehm mit uns über das geplaudert haben, was sie bewegt;
- dem Verlag mit all seinen Mitarbeitern, die wir mit der Begeisterung für dieses Buch im Handumdrehen angesteckt haben;
- aber vor allem Ihnen, weil wir Sie als Leser gewinnen konnten und Ihnen mit unserer ganz persönlichen Sammlung hoffentlich viele schöne und besondere Orte in der Regensburger Altstadt zeigen können, die Sie noch nicht kennen.

„HEIMAT IST KEIN ORT,
HEIMAT IST EIN GEFÜHL."
HERBERT GRÖNEMEYER

EVA JANIK

*1977 IN ZWIESEL / BAYERISCHER WALD
PR-MANAGERIN, MARKETINGFRAU UND AUTORIN
WOHNT IN REGENSBURG

FRÜHSTÜCK – DES MOG I

Frisches, knackiges Gemüse, pikante Aufstriche, Oliven, Wurst und Käse aus der Region oder auch ein warmes, geröstetes Brot mit Avocado, Rucola und Spiegelei.

FRÜHSTÜCK – DES MOG I GAR NED

Ein marinierter Hering oder Sardellen. Da kann ich gut Nein sagen.

DAS HAT MIR DIE RECHERCHE FÜR UNSER BUCH GEBRACHT

Ich muss zugeben, dass ich ein absolutes Gewohnheitstier bin. In den vergangenen zwei Jahren habe ich durch unser Projekt so viel Schönes kennengelernt, was ich heute nicht mehr missen möchte. Marion und ich durften hinter die Kulissen blicken, wir sind auf offene Menschen und deren Geschichte gestoßen und ich hatte die Gelegenheit, vieles zu probieren, was ich sonst gar nicht in Erwägung gezogen hätte. All das hat mir bewiesen, dass der Tellerrand nicht da endet, wo man ihn vermutet, und mir gezeigt, wie viel Spaß und Freude es macht, Neues zu testen und immer wieder mit wachen Augen durch die Stadt zu gehen.

„FRÜHSTÜCKEN ZU GEHEN FÜHLT SICH AN WIE EIN URLAUBSTAG IN DER EIGENEN STADT.“

WARUM BEGEISTERT MICH REGENSBURG?

Mir wird der Charme „meiner Stadt“ dann besonders bewusst, wenn ich Besuch von Nicht-Regensburgern bekomme, die mit einer Mischung aus Staunen und Verzauberung mit mir durch die Altstadt gehen. Dann wird mir wieder klar, was für ein Glück ich habe, dass ich hier leben darf. Regensburg ist groß genug, um ein vielfältiges Angebot an Kultur, Kunst und Gastronomie zu bieten und gleichzeitig so überschaubar, vertraut und familiär, dass man sich in dem sozialen Gefüge aus den vielen besonderen Menschen, die damit verbunden sind, immer gut aufgehoben und zuhause fühlt. Ich habe Regensburg vom ersten Tag an als offene und kommunikative Stadt kennengelernt und das schätze ich bis heute.

WAS VERBINDET MICH DAMIT?

Ich bin mit 17 der Liebe und der Ausbildung wegen aus meiner Heimatstadt Regen hierher gezogen. Die Ausbildung schloss ich ab, die Jugendliebe verflog, aber meine große Begeisterung für und Verbundenheit mit Regensburg hält bis heute an. Nach meinem Marketingstudium habe ich einige Jahre im Verlagsbereich gearbeitet und begleitete lange ein monatlich erscheinendes Stadtmagazin. Hinter die Kulissen zu blicken, den Puls der Stadt so nah zu erleben und festzuhalten, hat mich immer schon fasziniert. Inzwischen arbeite ich als PR-Managerin, kümmere mich freiberuflich um verschiedene Projekte und darf über das schreiben, was mich bewegt und interessiert. Der Bezug zu Menschen und meiner Wahlheimat Regensburg spielt dabei immer eine große Rolle.

WAS BEINHALTET FÜR MICH EIN GUTES FRÜHSTÜCK?

Ich liebe es, samstags am Markt einzukaufen und danach in aller Ruhe zu frühstücken. Meine Eier kaufe ich seit Jahren bei „meiner“ Eierfrau am Kornmarkt, am Käsestand kann ich immer furchtbar schlecht Nein sagen und kaufe immer viel zu viel ein und der Metzger meines Vertrauens weiß schon, dass ich die Wurst am liebsten ganz dünn aufgeschnitten mag. Schon als Kind konnte man mich mit einer frischen Mohnsemmel ködern und die mag ich auch heute (natürlich herzhaft belegt!) noch. Aber ich finde es auch genauso schön, wenn man einfach mal genießen und sich verwöhnen lassen darf. Regensburg hat ein unglaublich großes Angebot und lockt mit einer ausgeprägten Vielfalt, die man unbedingt testen muss!

MARION LANZL

*1964 IN BRUCK IN DER OBERPFALZ
VERTRIEBSEXPERTIN IM FAMILIENBETRIEB, AUTORIN,
FOTOGRAFIN, FILMEMACHERIN UND EX-CAFÉ-BETREIBERIN
WOHNT IN BRUCK UND REGENSBURG

FRÜHSTÜCK – DES MOG I

Manchmal reicht schon ein Croissant und ein guter Kaffee zum Glücklichsein. Es darf aber gerne mal selbstgemachter Aufstrich oder geräucherter Lachs sein.

FRÜHSTÜCK – DES MOG I GAR NED

Stinkekäse oder Streichwurst – für den, der es mag, das Höchste, für mich ein No-Go.

DAS HAT MIR DIE RECHERCHE FÜR UNSER BUCH GEBRACHT

Das knusprige Avocadobrot! Die Persönlichkeiten hinter den bekannten Locations kennenzulernen und ihre Philosophie zu Genuss und Gastlichkeit hat mich oft beeindruckt. Es ist nicht selbstverständlich, dass man ein liebevolles Essen in anheimelnder Atmosphäre freundlich serviert bekommt, denn es steckt nicht nur viel Arbeit dahinter, sondern auch immer viel Liebe drin.

„EINE NEVER-ENDING LOVESTORY“

WARUM BEGEISTERT DICH REGENSBURG?

Schon als Kind liebte ich es, meine Ferientage hier bei meiner Tante zu verbringen. Damals war es die „große Welt“ für mich, ich fand die mittelalterlichen Gassen und Fassaden, die Geschichten, die sich dahinter verbargen, spannend. Auch heute vergeht kein Wochenende, an dem ich hier nicht etwas Neues entdecke, auch wenn das Neue oft „steinalt“ ist. Ich liebe den Süden, das Reisen und fremde Kulturen. Kein Wunder also, dass ich diese Stadt mit ihren vielen Gesichtern und ihrer Grandezza so liebe! Ein Stück „Süden“ für's Herz – mitten in Bayern!

WAS VERBINDET DICH DAMIT?

Erste Erinnerungen wie Eis an der Donau, den ersten Kinofilm im Gloria und beeindruckende Museumsbesuche. Später waren die vielfältigen kulturellen Angebote und Events oder das Flanieren über die Plätze für mich oft ein genussvoller Kurzurlaub. Inzwischen spielt sich mein Privatleben überwiegend in der Domstadt ab, denn hier habe ich nicht nur die Liebe zur Stadt gefunden. Interessante, gute Freunde, die ich nicht mehr missen möchte, sind auch dazugekommen. Als Fotografin und Autorin für regionale Magazine und Zeitungen konnte ich in den letzten zehn Jahren in Regensburg hinter viele Fassaden sehen und in manchem Keller stöbern. Jede Tür, die sich mir öffnete, jede Story, die man mit mir teilte, hat mich noch mehr mit dieser Stadt verwoben. Ich freue mich auf weitere spannende Begegnungen zwischen Geschichte und Geschichten an der ewig gurgelnden Donau.

WAS BEINHALTET FÜR DICH EIN GUTES FRÜHSTÜCK?

Gemütlichkeit und bewusstes Genießen. Ob bei mir zuhause auf der Terrasse oder mit Freunden in der Stadt in einem der tollen Frühstückslokale mit dem „A-dabei-Faktor“. Samstags mit Freunden zum Frühstück, Kaffee oder auf ein Glas Prosecco ist bei uns ein festes Ritual. Das Charmante an Regensburg – man trifft einfach immer Freunde oder Bekannte und somit eine der wichtigsten Zutaten für ein gutes Frühstück.

EINE KULINARISCHE REISE DURCH DIE DOMSTADT

190°

190° CAFÉ BAR RÖSTEREI
Rehorik

ESPRESSO-INDEX

Espresso: 1,80 €
Cappuccino: 2,80 €
Frühstück:
5,90 – 12,90 € inkl.

Sie lieben richtig guten Kaffee und möchten einmal einem echten Profi beim Rösten über die Schulter schauen? Dann darf ein Besuch im 190° auf keinen Fall fehlen. Im September 2014 hat sich Inhaber Heiko Rehorik mit dem kleinen, aber feinen Lokal einen persönlichen Traum am Brixener Hof, direkt angrenzend an den alteingesessenen Kaffee- und Feinkostladen „Rehorik", erfüllt. Seit über 85 Jahren steht der Name „Rehorik" für beste Kaffeetradition und das schmeckt man auch in diesem kleinen Café. Kurz vor dem „First Crack", ab ca. 190°, beginnt die entscheidende Phase des Kaffeeröstens, denn genau dann knacken die Bohnen, platzen auf und werden größer und dunkler. In einem alten Kugelröster aus den 1920er Jahren werden – nur durch eine Glaswand vom Gastraum getrennt – feinste Kaffeebohnen geröstet. Mit etwas Glück können Sie Heiko oder einem der anderen Röstmeister dabei zusehen, während Sie Ihr Frühstück genießen. Über 40 verschiedene Rohkaffees, die aus Zentral- und Südamerika, Afrika und Asien stammen, werden hier verarbeitet. Und genau diese Vielfalt wird Ihnen auch als Gast im Lokal serviert. Aber nicht nur der Kaffee, sondern auch das Frühstücksangebot kann sich definitiv sehen lassen. Vor allem Käseliebhaber profitieren von der tollen Auswahl an verschiedensten Käsesorten aus dem angren-

Inhaber
Heiko Rehorik

Kontakt
Am Brixener Hof 6
93047 Regensburg
09 41 / 59 57 92 27
190grad@rehorik.de
www.rehorik.de/gastro/cafe-190-grad/

Öffnungszeiten
Mo – Mi 8.30 – 18.00 Uhr
Do / Fr 8.30 – 19.00 Uhr
Sa 9.00 – 18.00 Uhr
So 10.00 – 18.00 Uhr

Frühstückszeiten
Mo – Mi, Sa / So
bis 17.00 Uhr
Do / Fr / So bis 18.00 Uhr

UNSER TIPP

Wer statt Wurst und Käse ein süßes Frühstücksarrangement sucht, sollte „Das kleine Süße" für 9,90 € probieren! Hier erwarten Sie 3 leckere Pfannkuchen, eine hausgemachte Nougatcreme (Achtung: Suchtgefahr!), selbst geröstetes Knuspermüsli, eine Konfitüre aus eigener Herstellung und 2 Scheiben Weißbrot – natürlich mit einem leckeren Heißgetränk nach Wahl!

Räumlichkeiten
Lokal: 45 Plätze
Freisitz: 24 Plätze

Brot
Vollkornbrot, Baguette, Croissant

Bäcker & Konditoren
Schwarzer Kipferl, Konditorei Pernsteiner, Konditorei Klein

Sonstige Speisen
Verschiedene Brotzeiten, warme Speisen, Salate und Kuchen, Käsespezialitäten, selbstgemachtes Zwiebelchutney, saisonale Pastagerichte mit speziellem Mittagstisch und Suppen

Sonstiges
Das 190° kann übrigens auch für Röstereiführungen oder als Eventlocation gebucht werden. Das Frühstück beinhaltet ein Heißgetränk nach Wahl bis zu einem Wert von 2,80 Euro.

zenden Feinkostladen. Für Ihr Frühstück können Sie den Käse nämlich auf Wunsch von dort direkt wählen.

FAZIT

Die moderne, aber warme Einrichtung des Lokals und der ausgezeichnete Service entführen Sie nicht nur in einen wahren Baristatraum, sondern lassen die Hektik und den Druck des Alltags für ein paar Stunden schnell vergessen. Hier wird übrigens sogar der Filterkaffee extra für Sie am Tisch aufgebrüht. Der einzigartige Kugelröster lockt in-

Das günstigste Frühstück
„Petit-Déjeuner Français" (Buttercroissant, Butter und hausgemachte Marmelade)
inkl. 5,90 €

Das teuerste Frühstück
Italienisches Frühstück (Parmaschinken, Cacciatore, Tomate & Büffelmozzarella, Taleggio, Mascarpone Gorgonzola und Brotkorb)
inkl. 12,90 €

zwischen sogar Gäste aus San Francisco an und schafft eine ganz besondere Atmosphäre. Das Käsesortiment ist phantastisch und bietet eine herausragende Palette an allen möglichen Sorten, die Sie im Lokal serviert bekommen. An warmen Tagen sollten Sie sich unbedingt einen Platz auf dem schönen Freisitz im Hof sichern.

BESONDERHEITEN

· regionale Zutaten · inklusive Heißgetränk · hausgemachte Marmeladen · Frühstück an allen Öffnungstagen verfügbar · barrierefrei (Hintereingang) · kinderfreundlich · W-LAN · Reservierung erforderlich (Wochenende)

LIEBLINGSFRÜHSTÜCK

Heiko bevorzugt eine klassische Mischung aus Weich- und Hartkäse, Schinken, Salami, Konfitüre und natürlich einen frisch gebrühten Kaffee aus eigener Röstung.

Anna

ANNA
LIEBT BROT UND KAFFEE.

ESPRESSO-INDEX

Espresso: 2,20 €
Cappuccino: 3,60 €
Frühstück:
5,50 – 15,90 € *inkl.*

Mehr Geschichte als die ehemalige Schnupftabakfabrik zu bieten hat, gibt es wohl kaum an einer anderen Stelle in Regensburg. Die ehemalige Patrizierburg der Gebrüder Bernard hat in ihrem 1000-jährigen Dasein schon viel erlebt. Seit 2006 ist ein Teil der „Schnupfe" jedoch die Heimat eines ganz besonderen Konzepts, bei dem Brot und Kaffee eine durchaus tragende Rolle spielen. Das heutige Café Anna bietet nicht nur ein wunderbar historisches Ambiente, sondern auch viel Raum für einen genussvollen Besuch. Die beiden Betreiber Martina und Karl von Jena haben sich vom ersten Moment an in diese Räumlichkeiten verliebt. Mit Tischen und Bänken aus Eichenholz, in Kombination mit hochwertigem Rindsleder, aber auch Blattgold an den Wänden und viel Liebe zum Detail, haben sie eine wunderbare Harmonie in dem historischen Gewölbe geschaffen, das in frühen Jahren sogar als Pferdestall diente. Auch die Regensburger lieben „ihre" Anna, die mittlerweile auch über Anna-Schwestern in den Regensburg Arcaden und sogar in Straubing verfügt. Statt der üblichen Gepflogenheit, dass man am Tisch bedient wird, bestellt man bei Anna übrigens direkt an der Theke und lässt sich von den dort befindlichen Köstlich-

Inhaber
Martina und Karl von Jena

Kontakt
Gesandtenstraße 5
93047 Regensburg
09 41 / 20 60 230
zentrale@anna-cafe.de
www.anna-cafe.de

Öffnungszeiten
Mo – Sa 9.00 – 19.00 Uhr
So / feiertags
9.30 – 19.00 Uhr

Frühstückszeiten
durchgehend;
erweiterte Frühstückskarte
sonntags 9.30 – 14.00 Uhr

UNSER TIPP

Eine bunte Mischung erhalten Sie, wenn Sie sich für „Anna 4" entscheiden. Für 9,50 € dürfen Sie sich auf Emmentaler, feinen Schinken, Mailänder Salami, Marmelade, Butter, einen Brotkorb (mit dem wunderbaren Natursauerteigbrot) und einen Cappuccino freuen.
Im Anna ist das Frühstück übrigens durchgehend verfügbar, sonntags gibt es zwischen 9.30 und 14.00 Uhr außerdem eine erweiterte Frühstückskarte!

Barbarossa

BARBAROSSA
— CAFÉ & RESTAURANT —

ESPRESSO-INDEX

Espresso: 2,10 €
Cappuccino: 3,40 €
Frühstück:
5,30 – 15,50 € *inkl.*

Michele Rinaldi, der immer strahlende Gastronom, hat sich in den vergangenen Jahren einen Namen in Regensburg gemacht. In Bezug auf seine Küche blieb der aus Apulien stammende Italiener jedoch immer bescheiden – was dem tatsächlichen Angebot (und das weiß jeder, der schon einmal bei ihm gegessen hat) in keinster Weise gerecht wird. Seit Ende der 90er Jahre hat er sein Herz der Gastronomie gewidmet. Und es ist ein Glück für die Bewohner der Domstadt, dass es ihn ausgerechnet hierher verschlagen hat. Seit 2007 betreibt er das gleichnamige Lokal am Alten Kornmarkt. Im

UNSER TIPP

Das Frühstück „La Fattoria" für 15,50 € lässt Trüffelfans in den siebten Himmel schweben. Hier arrangieren sich geschmackvoll in einer wunderbaren Liaison ein Omelett mit frisch gehobeltem Trüffel, herrlichem Parmaschinken, Tomate und Büffelmozzarella auf dem Teller, dazu gibt es einen frisch gepressten Apfel-Karotte-Ingwer-Saft. Jedes Frühstück wird – es sei denn, es ist anders angegeben – mit einem Heißgetränk nach Wahl, einem umfangreichen Brotkorb sowie Butter und Marmelade serviert.

ehemaligen Café Freudenstein, das über 30 Jahre am St.-Georgen-Platz angesiedelt war, befindet sich seit April 2016 der kleine Bruder, das Barbarossa. In dem kleinen Café werden nicht nur die Gäste des Hotel VIII (das übrigens nur über sieben, aber dafür sehr schmucke Zimmer verfügt), sondern auch zahlreiche andere Genießer mit einem herausragenden Frühstück verwöhnt. Das Angebot im Barbarossa steht dem im Rinaldi in nichts nach. Ein Besuch dort fühlt sich immer ein bisschen wie eine Kurzreise nach Italien an: Auf den

Inhaber
Michele Rinaldi

Kontakt
St.-Georgen-Platz 8
93047 Regensburg
09 41 / 58 65 37 20
ciao@caffe-barbarossa.de
www.caffe-barbarossa.de

Öffnungszeiten
täglich 7.00 – 19.00 Uhr

Frühstückszeiten
bis 13.00 Uhr

Räumlichkeiten
Lokal: 20 Plätze
Freisitz: 40 Plätze

Brot
Weizenbaguette,
Vollkornbaguette

Sonstige Speisen
Hausgemachte Lasagne,
Sandwiches, Suppen

Sonstiges
Das Barbarossa fungiert zugleich als Rezeption für das Hotel VIII.

Tischen stehen frische Kräuter, es duftet aromatisch nach Kaffee und im Hintergrund vernimmt man einen italienischen Radiosender. Und Michele selbst kümmert sich jeden Tag auch selbst darum, dass seine Gäste dort herzlich empfangen werden. Die Einrichtung, die modern durch viel Holz geprägt ist, sorgt ab dem ersten Moment für ein heimeliges „Wohlfühlen". „Für mich ist ein Café die erste Botschaft oder vielmehr die erste Visitenkarte, die ein Gast von seiner Reise mit nach Hause nimmt, wenn er in einer fremden Stadt ist", meint der sympathische Cafébetreiber. Besonders großen Wert legt man im Barbarossa auf die Auswahl der Zutaten. Ein schneller Einkauf ist dem Ita-

Das günstigste Frühstück
„La Minuta" (Honig, Marmelade, Butter, Baguette)
inkl. ☕ 5,30 €

Das teuerste Frühstück
„Formaggio & Frutta" (Frischkäse, Peccorino, Rotweinkäse, Bergkäse, weitere ausgewählte Käsesorten und Orangensaft)
inkl. ☕ 15,50 €

liener genauso zuwider wie eine Verarbeitung, die nur auf Tempo und Profit beruht. Die kleine Küche beweist: Mit Liebe und Passion bekommt man Qualität.

FAZIT

Mit dem Barbarossa gibt es seit 2016 nun auch eine würdige Ausweichmöglichkeit in Laufnähe, wenn das Rinaldi bereits ausgebucht ist oder man etwas mehr Ruhe bevorzugt. Der Freisitz bietet in Donaunähe in den warmen Monaten einen Ausblick auf das geschäftige Treiben am neuerbauten Museum für Bayerische Geschichte. Die Reise in das kleine Stück Italien – mitten in Regensburg – wird auch bei Ihnen die richtige Botschaft hinterlassen. Denn sie lautet: Herzlich willkommen bei Michele und seinem Team!

BESONDERHEITEN

veganes Frühstücksangebot · · regionale Zutaten · · inklusive Heißgetränk · hausgemachte Marmeladen · · Frühstück an allen Öffnungstagen verfügbar · · kinderfreundlich · W-LAN · Reservierung erforderlich (Wochenende)

LIEBLINGSFRÜHSTÜCK

Micheles Favorit ist ein pochiertes Ei oder wie die Italiener sagen „Ei mit Hemd".
Auf der Karte befindet sich übrigens unter dem Namen „La Mediterranea Uova in Camicia" die Luxusversion davon mit Käse, Trüffelcreme, geröstetem Brot, Rucola, Bruschetta, Coppa Salami, Grana Padano und Hummus.

STEFFI DENK

***1980 IN STRAUBING**
SÄNGERIN, SCHAUSPIELERIN, ENTERTAINERIN
WOHNT IN REGENSBURG

Die bekannte Regensburger Sängerin Steffi Denk startete 1997 mit einer klassischen Gesangsausbildung. Seit 1998 ist sie im Bereich Jazz und Pop unterwegs. Gut zehn Jahre später stand sie zum ersten Mal als Schauspielerin auf der Bühne, über 15 Jahre lang hat sie auch als Dozentin Jazz- und Populargesang unterrichtet. Mit ihrer phantastischen Stimme und ihrer mitreißenden Art verzaubert sie nicht nur die Oberpfalz.

FRÜHSTÜCK – DES MOG I

Frische, hochwertige Lebensmittel. Ich esse nicht viel, aber gerne gut.

FRÜHSTÜCK – DES MOG I GAR NED

Verdorrtes Dekogemüse und angelaufene Wurstscheiben.

LIEBLINGS-FRÜHSTÜCKSLOKAL

Ich liebe das Orphée und das Museumscafé.

„REGENSBURG EMPFINDE ICH EINFACH ALS MEINEN FLECK HEIMAT."

WARUM BEGEISTERT DICH REGENSBURG?

Regensburg empfinde ich einfach als meinen Fleck Heimat. Natürlich, weil ich hier vorrangig arbeite, aber auch weil hier die Menschen leben, die ich liebe. Meine Freunde, meine Engsten. Die Stadt ist für mich ein Lebensgefühl, mit allen Ecken und Kanten. Mit all den kleinen Gassen – zwar überlaufen von kreuzfahrenden Touristenströmen, aber dennoch so viel Historie in jeder Ritze gespeichert – dem Duft der unterschiedlichsten Küchen, einem Sammelsurium von Geräuschen und Tönen der bunten Menschen, die hier leben. Kultur, Arbeit, Kunst, Politikwahnsinn und so vieles mehr – alles auf kleinem Raum. Im Sommer südländisches Flair genießen, dabei draußen in der Sonne einen Cappuccino schlürfen und einfach Menschen spontan begegnen… Im Winter, wenn alles grau und vernebelt erscheint, gemütlich Essen gehen und sich geborgen fühlen… Das ist irgendwie auch Regensburg. Und ich mittendrin. Herrlich.

WAS VERBINDET DICH DAMIT?

Ich bin 1999 nach Regensburg gegangen und habe letztlich bis 2007 dort gelebt. Anschließend zog es mich für 10 Jahre wieder zurück nach Straubing, dort habe ich auch geheiratet, ließ mich jedoch 2017 scheiden. Seit August 2016 bin ich wieder ein Kind „meiner" Stadt Regensburg.

WAS BEINHALTET FÜR DICH EIN GUTES FRÜHSTÜCK?

Ein Frühstück sollte für mich vor allem nicht aus Convenience Food bestehen. Diese Pappe-Fertigmischungs-Aufback-Brötchen und Analog-Käse – das sind keine guten Lebensmittel. Ein gutes Frühstück besteht für mich aus hervorragendem Kaffee, herrlichem, schmackhaftem Käse, etwas gutem Schinken, Obst, einem guten Gespräch mit einem Freund und vor allem einem Lächeln in den Gesichtern der Servicekräfte – das ich gerne erwidere.

WAS MÖCHTEST DU DEN LESERN MIT AUF DEN WEG GEBEN?

Freundlichkeit darf man dann von seinem Gegenüber erwarten, wenn man auch selbst freundlich ist. Man trifft nämlich meist auf einen Spiegel seiner selbst.

„GESCHMACK IST
DIE KUNST, SICH
AUF KLEINIGKEITEN
ZU VERSTEHEN."

JEAN-JAQUES ROUSSEAU

Dahoam bei Kerstin und Mama

Dahoam
bei Kerstin & Mama

ESPRESSO-INDEX

Espresso: 1,90 €
Cappuccino: 2,80 €
Frühstück:
4,90 – 12,50 € inkl. ☕

Im „Dahoam bei Kerstin und Mama" fühlt man sich in der Tat ganz schnell wie „dahoam". Das Duo Kerstin Wurmer und Christine Busin (alias „Mama") ist nicht nur im richtigen Leben Tochter und Mutter, sondern auch beruflich ein absolut erfolgreiches Gespann. Mit viel Herzblut, Leidenschaft und Energie haben die beiden aus dem kleinen Lokal mit etwa 50 Sitzplätzen aus vielen Sammlerstücken einen Ort geschaffen, an dem man wirklich gerne is(s)t. Auf den Tisch kommt ausschließlich das, was die beiden selbst gerne mögen. Neben einer wechselnden Mittagskarte gibt es auch ein umfangreiches Frühstücksange-

UNSER TIPP

„Zwoa Dahoam" lässt für 2 Personen eigentlich keinen Frühstückswunsch mehr offen. Für 26,90 € wird man reichlich satt, genauer gesagt bekommt man ein selbstgemachtes Müsli „Bircher Art" mit frischen Früchten, selbstgemachte Knuspernüsse & Chia, gekochten Schinken, zweierlei Salami, zweierlei Weichkäse, Kräuter- und Butterkäse, Schnittlauch-Rührei mit Speck, zwei verschiedene Aufstriche, selbstgemachte Marmelade, Butter & Brotkorb, zwei Gläser Orangensaft und zwei Tassen Filterkaffee oder Tee.

bot. Kurz nach der Eröffnung 2017 ist das „Dahoam" schnell zum Geheimtipp avanciert. Die Gäste werden mit selbstgemachten Aufstrichen und Marmeladen verwöhnt, aber auch die Kuchen und Torten werden natürlich selbst gebacken. Eben dahoam wie bei der Mama. „Wir bringen nur das auf den Tisch bzw. die Karte, was wir selbst gerne essen", erklärt Kerstin Wurmer. „Mittags gibt es wechselnde Angebote, die man eben

Inhaber
Kerstin Wurmer
& Christine Busin

Kontakt
Am Ölberg 17
93047 Regensburg
09 41 / 59 87 88 40
dahoam-rgbg@gmx.de
www.dahoam-regensburg.de

Öffnungszeiten
Di–Sa 9.00 – 18.00 Uhr
So 9.00 – 18.00 Uhr

Frühstückszeiten
bis 14.00 Uhr

Ruhetag
Montag

Räumlichkeiten
Lokal: 50 Plätze

Brot
Vollkornbrot, Bauernbrot, Baguette

Bäcker
Kosler

Sonstige Speisen
Selbstgemachte Kuchen, wechselnde Wochenkarte mit Gerichten wie „Dahoam"

Sonstiges
Das „Dahoam" kann man auch wunderbar (nach vorheriger Reservierung) mit der ganzen Familie besuchen und sich verwöhnen lassen.

Das günstigste Frühstück
„Melissa" (Dinkel-Vollkorn-Brot, entweder mit Tomaten- oder Basilikumaufstrich und frische Früchte) *inkl.*
4,90 €

Das teuerste Frühstück
„Aloa Dahoam" (Schinken, zweierlei Salami, Käse, zweierlei Aufstrich, Müsli Bircher Art mit frischen Früchten, Marmelade, Butter, Orangensaft, Brotkorb)
inkl. 12,50 €

auch von ‚dahoam' kennt und gerne mag, am Wochenende gibt es auf Anfrage bei geschlossenen Gesellschaften ein Frühstücksbuffet, bei dem die ganze Familie zugreifen kann."

FAZIT

Wie heißt es so schön, „Heimat ist kein Ort, sondern ein Gefühl". Und Gefühl und Liebe zum Detail entdeckt man im „Dahoam bei Kerstin und Mama" an jeder Ecke. Die beiden Powerfrauen geben mit ihrer persönlichen und umgänglichen Art dem Lokal einen ganz besonderen Charme. Und genau der macht auch den nicht vorhandenen Freisitz mehr als wett. Damit Sie allerdings einen der mittlerweile sehr begehrten Plätze ergattern, sollten Sie vorsichtshalber reservieren. Wer ein zweites Zuhause sucht, wird es in jedem Fall dort finden (und vielleicht unter Umständen gar nicht mehr ausziehen … ähm … rausgehen wollen …).

BESONDERHEITEN

veganes Frühstücksangebot · · regionale Zutaten · selbst zusammenstellbar · inklusive Heißgetränk · hausgemachte Marmeladen · ·
Frühstück an allen Öffnungstagen verfügbar · · kinderfreundlich · · Reservierung erforderlich (Wochenende)

LIEBLINGSFRÜHSTÜCK

Kerstin mag Vollkornbrot mit viel Käse und Feigensenf, gern auch Eier und „Grünzeug" darf auch keinesfalls fehlen. Milchkaffee und O-Saft sind ständiger Begleiter ihres Frühstücks.

Mama liebt es dagegen deftig. Meist ist ein Radl Schinken und Salami auf dem Teller, dazu Käse und gute Butter und gerne etwas Knackiges / Frisches. Dazu ein heißer Milchkaffee und dann ist sie zufrieden.

Early Bird

Frühstücksküche

ESPRESSO-INDEX

Espresso: 1,80 €
Cappuccino: 2,50 €
Frühstück:
4,20 – 12,90 €

Stadtamhof gilt als das junge, innovative Brooklyn Regensburgs. Außergewöhnliche kleine Geschäfte, eine urige Metzgerei, ein trendiger Bioladen, aber auch originelle Lokale sorgen hier für einen ganz besonderen Lifestyle. Mittendrin: das Early Bird – das bislang einzige reine Frühstückscafé in der Stadt. Bereits seit 2011 bieten hier Kristina und Marc Legras eine wahre Oase für alle Kulinariker, die es herzhaft und deftig lieben. Der sympathische Franzose nennt sich nicht umsonst selbst „den King of Bacon", denn wenn es schmeckt, dann ist sicher gebratener Speck dabei, so sein Credo. „Mutige bestellen von

UNSER TIPP

Nun, auch wir waren mutig und haben die Nummer 4 getestet. Die Hähnchenbrustwürfel mit Rosmarin und leichter zitroniger Note sind ein Gedicht, kross und lecker auch das hausgemachte Toastbrot mit Spiegelei, knusprigem Bacon und Lauchzwiebeln. Der Heumilchkäse und die Almbutter runden dieses besondere Geschmackserlebnis für 12,90 € – ohne Heißgetränk – auf unvergessliche Weise ab.

unserer Tafel", erklärt der kreative Küchenchef. „Hier wechseln wöchentlich, ganz nach saisonaler Verfügbarkeit, die Frühstücksvariationen. Mit der Nummer 4 ist man immer gut bedient, denn da sind immer Eier, Bacon und Fleisch dabei." Eine ideale Kombi, ebenso wie das Betreiber-Couple: Kristina bringt als PR-Expertin den Schwung und Marc als Hotelfachwirt das Know-how mit in das dynamische Schlaraffenland für Frühstücksfans. In früheren Jahren befand sich hier im Haus sogar eine Bäckerei und es gibt Gerüchte, dass bei deren Auflösung die übrig gebliebenen Eier im Keller vermauert worden sein sollen, erzählt Marc

Inhaber
Kristina und Marc Legras

Kontakt
Stadtamhof 6
93059 Regensburg
0941 / 37 80 41 35
kontakt@early-bird-regensburg.de

Öffnungszeiten
Di – Fr 8.00 – 18.00 Uhr
Sa / So / feiertags
9.00 – 19.00 Uhr

Frühstückszeiten
Di – Fr bis 17.00 Uhr
Sa / So / feiertags
bis 18.00 Uhr

Ruhetag
Montag

Räumlichkeiten
Lokal: 50 Plätze
Freisitz: 25 Plätze

Brot
Vollkornbrot, Croissant, Bauernbrot, Brezen, hausgebackenes Brot & Baguette

Bäcker
Dorfbackhaus

Sonstige Speisen
Sandwiches, Croques, Pancakes mit Dulce de Leche (einer hausgemachten südamerikanischen Spezialität) und dem besten New York Cheesecake nach Originalrezept zwischen hier und Los Angeles

Sonstiges
Kaffee: Rösterei Parsberg (hier wird auf Bestellung frisch geröstet)
Die wöchentlich wechselnden Frühstücksvarianten bieten alles, was das Herz begehrt, und kommen schon eher einem Brunch gleich.

Das günstigste Frühstück
Kaffee und Croissant 4,20 €

Das teuerste Frühstück
Wöchentlich wechselnde Frühstücksvarianten (Eierspeisen, Brotkorb, Schinken, Käse und teilweise Fleisch, Aufstriche, Marmelade) 12,90 €

schmunzelnd. Das passt zum geschichtsträchtigen und sagenumwobenen Stadtamhof, schließlich hat sich hier schon Napoleon die Zähne ausgebissen, damals als es noch rund 16 Brauereien auf dieser Seite der Donau gab. Doch die Zeiten, als Regensburg eine freie Reichsstadt und Stadtamhof der bayerische Vorposten war, sind lang vorbei und Regensburg hat die kleine Schwester längst ins Herz geschlossen – so wie die Gäste das Early Bird.

FAZIT

Wem der Sinn nicht nach Speck steht, kann sich aus der Karte in allen erdenklichen Variationen nach eigenem Gusto sein Idealfrühstück zusammenstellen. Oben drauf haben wir uns noch zweierlei Pancakes mit Dulce de Leche gegönnt und eine wahre Geschmacksexplosion erlebt. So frisch und inspirierend wie die Zutaten, die man hier mit viel Bedacht und Wertschätzung überwiegend

aus der Region und von exklusiven Lieferanten verwendet, ist auch der Spirit im Early Bird. Ein Rundum-Wohlfühlpaket für ein Frühstück, das man so schnell nicht vergessen wird. Egal, ob man sich der süßen Verführung durch die südamerikanische Delikatesse, dem super-cremigen Cheesecake oder dem vollen Geschmack der liebevollen Kreationen des Bacon King hingibt.

BESONDERHEITEN

· regionale Zutaten · selbst zusammenstellbar · · hausgemachte Marmeladen · · Frühstück an allen Öffnungstagen verfügbar · · · W-LAN · Reservierung erforderlich (Wochenende)

LIEBLINGSFRÜHSTÜCK

Kristina liebt Kaffee, Eier und Pancakes zum Frühstück.

Marc mag – keine Frage – alles mit Bacon, dazu Spiegeleier, Fleisch und einen Kaffee.

DOMINIK GLÖBL

***1984 IN SCHWIMMBACH (LANDKREIS STRAUBING-BOGEN)**
MUSIKER, FERNSEHMODERATOR UND MUSIKLEHRER
WOHNT IN ATTING

Nach dem Abitur in Straubing ging es für Dominik erst mal zum Studium im Fach Jazztrompete an die Hochschule für Musik und Theater in München. Seit 2009 arbeitet er an der Musikakademie in Regensburg als Trompetenlehrer. Als Musiker ist er in vielen Genres zuhause. Ob als Blechbläser am Nockherberg, mit rockiger „folklorefreier Volksmusik" bei „Dreiviertelblut" oder bei Jazz Sessions – Dominik brilliert durch seine Virtuosität. Seit letztem Jahr sorgt er auch als Moderator bei den „Wirtshausmusikanten" im BR für frischen Wind.

FRÜHSTÜCK – DES MOG I

Zeit zum Genießen, Ratschen oder Zeitung lesen – kulinarisch bin ich offen.

FRÜHSTÜCK – DES MOG I GAR NED

Das einzige, was ich wirklich nicht mag, sind Kapern.

LIEBLINGS-FRÜHSTÜCKSLOKAL

Kein bestimmtes. Am liebsten sitze ich allerdings irgendwo draußen in der Altstadt.

„IN DER ALTSTADT GENIESSE ICH DAS GANZ BESONDERE GEFÜHL DIESER STADT."

WARUM BEGEISTERT DICH REGENSBURG?

Für diese Stadt schlägt einfach mein Herz. Ich liebe das Flair, die engen Gassen der Altstadt, die Donau und natürlich auch, dass Musik und Kunst in dieser Stadt einen hohen Stellenwert haben. Die verschiedenen vielfältigen Events und Musikveranstaltungen suchen wirklich ihresgleichen.

WAS VERBINDET DICH DAMIT?

Ich wohne zwar nicht mehr in Regensburg, aber fühle mich mit dieser Stadt sehr verbunden. Ich arbeite auch noch dort und spiele viel mit Steffi Denk und Gerwin Eisenhauer. Überhaupt habe ich in Regensburg viele tolle Musiker kennengelernt, mit denen ich nach wie vor auf der Bühne stehen darf, das ist für mich ein echtes Privileg. Mit den verschiedenen Formationen hatte ich schon viele Auftritte in Regensburg, sei es im Velodrom oder im Thon-Dittmer-Palais. All das waren Abende, die man nicht vergisst.

WAS BEINHALTET FÜR DICH EIN GUTES FRÜHSTÜCK?

Beim Frühstück gibt es bei mir zwei Varianten: Wenn ich viel Zeit habe, dann gönne ich mir ein reichhaltiges Frühstück mit Wurst, Käse, frischem Obst und Gemüse. Leider habe ich davon morgens meist recht wenig, dann trinke ich nur eine Tasse Kaffee und das Frühstück wird zum Mittagessen.

WAS MÖCHTEST DU DEN LESERN MIT AUF DEN WEG GEBEN?

Man sagt ja nicht umsonst, dass das Frühstück die wichtigste Mahlzeit des Tages ist. Nehmt euch Zeit dafür und genießt es in Ruhe bei einem guten Gespräch oder beim Lesen der Zeitung. Wenn ihr dem Frühstück ausreichend Beachtung und Zeit schenkt, legt ihr die beste Basis, dass der Tag richtig gut wird.

Felix

Félix

ESPRESSO-INDEX

Espresso: 2,20 €
Cappuccino: 2,80 €
Frühstück:
6,90 – 11,90 €

Seit weit über 20 Jahren, genauer gesagt seit 1996, ist das Café Felix fester Bestandteil der Regensburger Lokalwelt und ebenso lange auch ein Teil der Fröhlichen-Türken-Straße. Bereits von Beginn ist das frühere „Domspatzenstüberl" in der Hand des Gastronoms Bahador Sartip, der das Café mittlerweile mit seinem Partner Roy Müller führt.

Versucht man die Gäste zu beschreiben, so dürfte das mit einem Begriff mehr als schwerfallen. „Bunt" trifft es jedoch wohl am besten, denn das Felix ist eines der wenigen Lokale, das einen durchaus angenehmen Aufenthaltsort für alle

Schichten bietet. Hier tummeln sich Studenten neben Geschäftsleuten, aber auch „ältere Semester" sitzen gerne Tisch an Tisch mit Schülern. Tagsüber locken leckere Kuchen, eine wechselnde Mittagskarte, aber auch ein absolut interessantes Frühstücksangebot: Ganz im Trend findet man hier neben altbekannten Klassikern auch „Healthy

Inhaber
Bahador Sartip
und Roy Müller

Kontakt
Fröhliche-Türken-Straße 6
93047 Regensburg
09 41 / 5 90 59
info@cafefelix.de
www.cafefelix.de

Öffnungszeiten
Mo–Sa 9.00 – 1.00 Uhr
So / feiertags
10.00 – 1.00 Uhr

Frühstückszeiten
bis 15.00 Uhr

UNSER TIPP

Unsere Neugierde hat das „Paleo"-Frühstück auf der Karte geweckt. Neben frisch aufgeschnittenem Obst beinhaltet es ein großes Gemüseomelette mit Süßkartoffel, Bacon, Avocado und eine kleine Acai-Bowl (Frozen Acai-Beeren-Mix, Banane, Körner-Mix, Chia-Samen, Leinsamen und Obst) für 10,90 €. Ein Heißgetränk gibt es separat dazu. Wer dieses Frühstück wählt, kommt in den Genuss, einmal „anders" als vielleicht gewohnt zu frühstücken und wird geschmacklich keinesfalls etwas vermissen.

Räumlichkeiten
Lokal: 60 Plätze
Freisitz: 48 Plätze

Brot
Baguette, Vollkornbaguette, Croissant

Bäcker
Schmidbauer (Alteglofsheim)

Sonstige Speisen
Seit Herbst 2018 wurde die Karte völlig neu ausgerichtet. Es geht „Back to the Roots" und dabei setzt man auf bodenständige Küche, völlig ohne Schnickschnack, mit einer wechselnden Wochenkarte.

Sonstiges
Milch auch gegen Aufpreis von 0,50 € laktosefrei oder als Sojamilch erhältlich

Das günstigste Frühstück
„Petit" (2 Brötchen, 2 Scheiben Honigschinken, 2 Scheiben Emmentaler, Obst, hausgemachte Marmelade, Butter) 6,90 €

Das teuerste Frühstück
„Ideal" (Rührei Natur, Prosciutto Cotto, Mailänder Salami, Grünländer, Emmentaler, Obst, Leberwurst, hausgemachte Marmelade, Butter, Brotkorb) 11,90 €

Food" in Form von Bowls und Porridge oder einen echten Immunbooster. Die Einrichtung erinnert an den Stil der 30er und 40er Jahre, durchkreuzt mit Elementen aus der Eröffnungszeit der 90er. Dunkle Holzvertäfelungen, kleine Tische, eine hohe Raumhöhe, die Platz für einen 2. Stock bietet, den man über eine Wendeltreppe mit aufwändiger Stahlkonstruktion erreicht, große Glasfronten und ein netter Freisitz, über den man das Treiben in der von Fahrzeugen befreiten Fröhlichen Türkenstraße beobachten kann, geben dem Lokal seinen unverwechselbaren Charakter: Tagsüber ein gemütliches Café, abends eine beliebte Bar mit umfangreichem Cocktailangebot und wechselnden Veranstaltungen. So lautet das jahrelang erprobte und erfolgreiche Konzept. Seit Herbst 2018 geht der Trend übrigens wieder „Back to the Roots“. Neben dem frischen Frühstücksangebot geht der Trend bei der Speisekarte wieder zu einer völlig bodenständigen Küche. Zur Auswahl stehen Schnitzel, Schweinefilet und (natürlich auch fleischfreie) Gerichte, die man von zuhause kennt, aber inzwischen wohl trendgetrieben in dem ein oder anderen Lokal auf der Karte schmerzlich vermisst. Das Felix greift diese Lücke auf und füllt sie – sehr gekonnt!

FAZIT

Das Felix hat uns positiv überrascht und uns gezeigt, dass es mit seinem Angebot absolut mit der Zeit geht. Die bunt gefüllte Frühstückskarte beherbergt für jeden Geschmack etwas und auch die Umsetzung und Qualität des Frühstücks überzeugt!

BESONDERHEITEN

glutenfrei · regionale Zutaten · selbst zusammenstellbar · hausgemachte Marmeladen · Brotmenge unbegrenzt · Frühstück an allen Öffnungstagen verfügbar · barrierefrei · kinderfreundlich · W-LAN · Reservierung erforderlich (Wochenende)

LIEBLINGSFRÜHSTÜCK

Wenn Bahador Zeit hat, gibt es vorzugsweise geröstetes Brot mit Avocado und Spiegelei.

Freiraum

ESPRESSO-INDEX

Espresso: 1,70 €
Cappuccino: 2,80 €
Frühstück:
10,90 – 14,90 € inkl.

Ein wenig versteckt in der Simadergasse, zwischen dem legendären Gloria-Kino und der Obermünstergasse gelegen, befindet sich das einladende Café Freiraum. Die Mischung aus kuscheligem Bistro und einem wundervoll neu gestalteten Innenhof ist wie gemacht für ein entspanntes Frühstück zu zweit oder ein vergnügliches Treffen mit Freunden. Vom Geheimtipp hat sich die kleine Cafébar zu einer gut besuchten Location gemausert und überzeugt mit angenehmer Atmosphäre und einem umfangreichen Angebot. Dem Trubel der Straßen entfliehen und eine Auszeit nehmen, abseits von den Touristenpfaden, in entspannter Umgebung den ganz persönlichen „Freiraum" inmitten der Boomtown erleben – das gelingt hier ganz wunderbar. Vom Anspruch „alles muss mir selbst schmecken" des charmanten Betreibers Merlin Szabo, der das Lokal bereits seit 2010 führt, profitiert auch der verwöhnte Gast, denn es schmeckt auch tatsächlich alles. Sein Café erinnert im Barbereich an eine italienische Espressobar und lockt mit verschiedenen Kaffeespezialitäten auch für

UNSER TIPP

Die Alpenliebe bringt den Morgen zum Glühen und einen deftig-starken Einstieg in den Tag: Bei so knusprigen Röstitalern mit Räucherlachs, zwei Rühreiern mit Speck, Kräuterquark, Bergkäse und Brotkorb für 13,90 € – inkl. Heißgetränk – schlagen sicher auch Männerherzen höher. Besonders zu empfehlen sind übrigens auch die hausgemachten frischen Waffeln und Joghurts.

Inhaber
Merlin Szabo

Kontakt
Simadergasse 1
93047 Regensburg
09 41 / 59 57 92 27
info@freiraum-regensburg.de
www.freiraum-regensburg.de

Öffnungszeiten
Di – Sa 9.00 Uhr – open end
So / Mo 9.00 – 18.00 Uhr

Frühstückszeiten
bis 14.00 Uhr

Das günstigste Frühstück
„Freiraum vegetarisch" (Hausgemachter Kräuterquark, Bergkäse, Emmentaler, Obazda, Tomate-Mozzarella auf Rucola mit Balsamicoreduktion und Sonnenblumenkernen, hausgemachte Marmelade, Schokocreme, gekochtes Ei, Butter, Kuchen, Brotkorb) *inkl.* 10,90 €

Das teuerste Frühstück
„Italiano" (Mailänder Salami, Serrano-Schinken, hausgemachter Kräuterquark, Parmesan, Tomate-Mozzarella auf Rucola mit Balsamicoreduktion und Sonnenblumenkernen, Rühreier mit Tomate-Mozzarella und Bacon, Butter, Brotkorb, frisch gepresster Orangensaft)
inkl. 14,90 €

die kurze Pause. Im ehemaligen „Herzblut" und vormals „Café Dunzinger" fällt der Stress der Großstadt schnell ab und man kann die kleine Oase auf sich wirken lassen. Vor allem auch der lauschige Innenhof ist ein ganz besonderes Refugium für einen herrlichen, kulinarischen Start in den Tag. Die selbstgemachten Kuchen sind wirklich von Mama und die Aufläufe bieten eine interessante Abwechslung zu den üblichen Gerichten der umliegenden Lokale. Der junge Vater und gelernte Hotelbetriebswirt, der vor seinem Schritt in die Selbständigkeit auch schon im „Café Kaminski" gearbeitet hat, legt höchsten Wert auf die Güte der Produkte. Trotzdem sind die Teller überbordend an leckerem Frühstücksallerlei – ein absoluter Gewinn für alle Gäste!

Räumlichkeiten
Lokal: 28 Plätze
Freisitz: 40 Plätze

Brot
Vollkornbrot, Baguette

Sonstige Speisen
Diverse Aufläufe, frische Salate mit hausgemachtem Dressing auf Pfirsichbasis, fluffige hausgemachte Pancakes und knusprige Waffeln sind für Schleckermäuler ein echtes Erlebnis.

LIEBLINGSFRÜHSTÜCK

Merlin selbst genießt, sofern die Zeit bleibt, zwei bis drei Tassen Filterkaffee, ein leckeres Brot mit Nutella oder ein Bio-Crunch-Müsli zum Start in den Tag.

FAZIT

Auch die Auswahl an Eierspeisen verspricht ein Powerfrühstück mit Genuss, aber auch der stramme Max kommt hier nicht zu kurz. Jeder Teller macht sofort Appetit, gleich nächste Woche wieder zu kommen. Das Café Freiraum ist ein wundervoller Rückzugsort für die kleine, kuschelige Auszeit zwischendurch, zum genussvollen Frühstück mit Freunden und zum leckeren Auflauf oder knackig frischen Salat. Die fantasievoll kreierten Frühstücksteller sind ein Augen- und Gaumenschmaus für alle Fans des dolce far niente.

Sonstiges

Auch das „Marple & Stringer" am Haidplatz trägt Merlins Handschrift und bietet am Wochenende ein hübsches Plätzchen für ein leckeres Frühstück, ansonsten täglich köstliche moderne Gerichte, wie Pulled Pork und Pastrami Sandwiches.

BESONDERHEITEN

selbst zusammenstellbar · inklusive Heißgetränk · hausgemachte Marmeladen · Brotmenge unbegrenzt · Frühstück an allen Öffnungstagen verfügbar · kinderfreundlich · W-LAN · Reservierung erforderlich (Wochenende)

CAFÉ · BAR · RESTAURANT

Hemingway's

ESPRESSO-INDEX

Espresso: 2,30 €
Cappuccino: 2,60 €
Frühstück:
7,50 – 14,50 € *inkl.*

Amerika, Paris und Havanna waren Hemingways Welt – am Ende der Oberen Bachgasse ist er nun schon seit über 30 Jahren auch in Regensburg zuhause. In der ehemaligen Kapelle mit dem gotischen Kreuzgewölbe fühlt sich der Geist des Schriftstellers und Abenteurers Hemingway sicher wohl. Dafür hat der Gründer des Lokals, Peter Bürger, gesorgt und holte das Flair des Pariser Stammlokals seines Lieblingsautors in die Oberpfalz. Eingerahmt von zahlreichen Aufnahmen aus dem bewegten Leben des Namensgebers, die zum Kopfkino einladen, kann man hier dessen Lieblingscocktail Daiquiri und andere herrliche Klassiker genießen, aber auch wunderbar frühstücken. „Hemingway schrieb Geschichte – wir machen sie erlebbar" ist hier das Motto. Die Karte liest sich wie eine Bestsellerliste und bietet von den „Grünen Hügeln Afrikas" bis zum „Garten Eden" ein wirklich breites Spektrum um den Globus des Geschmacks. Die südländisch entspannte Atmosphäre hat das Lokal wohl nicht

UNSER TIPP

„In unserer Zeit" ist für 9,90 € ein Powerfrühstück mit leckerem Joghurt mit Früchten, Rohkost, Dips und herrlich fluffigen Rühreiern mit frischen Kräutern, mit einem großzügigen Brotkorb, Croissants und Heißgetränk. Wenn wir ehrlich sind, haben wir noch den ganzen Tag davon geschwärmt. Geben Sie der Versuchung nach und gönnen Sie sich außerdem den Lavakuchen mit Vanilleeis (6,90 €). Wenn sich der flüssige Schokokern über das Vanilleeis ergießt, ist Ihnen eine Geschmacksexplosion sicher!

Inhaber
Claudio Alexe

Kontakt
Obere Bachgasse 3-5
93047 Regensburg
09 41 / 78 84 51 61
info@hemingways.de
www.hemingways.de

Öffnungszeiten
So–Do 9.00 – 1.00 Uhr
Fr/Sa 9.00 – 2.00 Uhr

Frühstückszeiten
bis 14.00 Uhr

Das günstigste Frühstück

„Wem die Stunde schlägt" (frische Früchte, Emmentaler, Gouda, Salami, Butter, Honig, Croissant und Brotkorb)

inkl. 7,50 €

Das teuerste Frühstück

„Der alte Mann und das Meer" (mit frischen Früchten, geräuchertem Lachs- und Forellenfilet mit Sahnemeerrettisch, 2 Rühreiern, Honig, Butter, inklusive Brotkorb und einem Glas Prosecco)

inkl. 14,50 €

nur dem Spirit des legendären Weltenbummlers zu verdanken. Claudio Alexe, geboren in Bukarest, hat das Lokal 2005 mit Herz und Seele übernommen, nachdem er dort bereits vier Jahre hinter der Theke gearbeitet hatte. „Gastronomie hat man im Blut, ich liebe es, wenn die Gäste vom Essen schwärmen!", strahlt der Wahlregensburger. Seine Liebe zur Gastromomie spiegelt sich in Küche und Service wider, denn auch hier sprüht sonniges Temperament.

FAZIT

Während Einheimische und Besucher vorbeiflanieren, lässt es sich beim Cappuccino wunderbar von den Schauplätzen der Weltbestseller Hemingways träumen. Genießen Sie das Flair der malerischen Gasse und den internationalen Esprit

Räumlichkeiten

Lokal: 40 Plätze
Freisitz: 31 Plätze

Brot

Vollkornbrot, Baguette, Croissant, Bauernbrot, Kipferl

Bäcker

Biendl und Weber (Bauernbrot), Schwarzer (Kipferl)

Sonstige Speisen

Exotische Pfannengerichte, Salate, Burger, karibisches Jambalaya, asiatische Nudeln, kreolische Küche, Lavakuchen

Sonstiges

Der Kaffee ist von Segafredo, die Internationale Küche mit hochwertigen Produkten und garantiert ohne Convenience. Die Toilette ist behindertengerecht.

LIEBLINGSFRÜHSTÜCK

Claudios Favorit zum Start in den meist turbulenten Tag ist Rührei und geräucherter Lachs, dazu trinkt er gerne einen kräftigen Kaffee.

des Cafés. Der dynamische Wirt hat zu unserem Glück bei seiner Übernahme des Lokals auch eine verlockende Frühstückskarte für seine Gäste entworfen, bei der keine Wünsche offenbleiben. Qualität ist Alexe wichtig und das Hemingway's sorgt für einen wohligen Auftakt, bevor Sie als Gast gestärkt und zufrieden in den Tag starten.

BESONDERHEITEN

· regionale Zutaten · selbst zusammenstellbar · inklusive Heißgetränk · hausgemachte Marmeladen · Brotmenge unbegrenzt · Frühstück an allen Öffnungstagen verfügbar · kinderfreundlich · W-LAN · Reservierung erforderlich (Wochenende)

HARRY G

***1979 IN REGENSBURG**
KOMIKER, KABARETTIST, SCHAUSPIELER UND GRANTLER
WOHNT IN MÜNCHEN

Harry G, der eigentlich als Markus Stoll zur Welt kam, lebte von seiner Geburt an bis zum zarten Alter von 20 Jahren in Regensburg, dann verschlug es ihn zum Studium (BWL) nach Innsbruck und Buenos Aires. Nach seiner Rückkehr gründete er ein eigenes Social-Media-Marketing-Unternehmen und drehte gleichzeitig erste humoristische Videoclips, die auf den Plattformen schnell einschlugen. Inzwischen ist Harry G professionell als bayrischer Grantler in ausverkauften Hallen unterwegs, in verschiedenen TV Sendungen gern gesehener Gast und in manchen sogar „dahoam“.

FRÜHSTÜCK – DES MOG I

Einen vernünftigen Kaffee, keine Plörre.

FRÜHSTÜCK – DES MOG I GAR NED

Eklige Massentierhaltungsbilligwurst in Plastikverpackung.
Da geben sie ihren Frühstücksangeboten tolle Namen,
aber serviert wird ein greisliches „Kotzerfrühstück“.

LIEBLINGS-FRÜHSTÜCKSLOKAL

Meistens lass ich mich einfach beim Schlendern durch die Altstadt inspirieren,
es gibt immer wieder Neues und Innovatives.

”REGENSBURG HAT EINEN CHARME, DER SEINESGLEICHEN SUCHT.

DARAUF MUSS MAN STOLZ SEIN.“

WARUM BEGEISTERT DICH REGENSBURG?

Regensburg ist wahrscheinlich die schönste Stadt in Deutschland, gerade für einen gebürtigen Regensburger. Diese Vielfalt, eine uralte Stadt, in der es anscheinend mehr Cafés und Kneipen gibt, als Menschen dort wohnen, dazu die Studenten, die Kultur: In keiner anderen Stadt hast du so eine Vielfalt und Getümmel bei so einer beschaulichen Größe!

WAS VERBINDET DICH MIT REGENSBURG?

Meine Kindheit, meine Jugend, ich bin hier schließlich aufgewachsen. Regensburg hat mich sicher auf gewisse Weise auch geprägt.

WAS BEINHALTET FÜR DICH EIN GUTES FRÜHSTÜCK?

Einen guten Kaffee und einen Menschen, mit dem man sich unterhalten kann. Nichts ist schlimmer, als im Hotel ein tolles Frühstück zu haben und alleine dasitzen zu müssen. Ein gutes Frühstück sollte auch bitte so lange dauern, dass man eigentlich schon wieder ein Bier trinken kann.

WAS MÖCHTEST DU DEN LESERN MIT AUF DEN WEG GEBEN?

Regensburg muss man genießen. Diese schöne Stadt, die verschiedenen Facetten, die verschiedenen Jahreszeiten, Regensburg hat einen Charme, der seinesgleichen sucht, deshalb seids bitte stolz drauf und schauts immer wieder genau hin. In Regensburg entdeckt man immer wieder (neue und alte) Ecken, die man noch nicht kennt!

Haus Heuport

HAUS HEUPORT
RESTAURANT · CAFÉ · BAR

ESPRESSO-INDEX

Espresso: 2,40 €
Cappuccino: 3,50 €
Frühstück:
6,90 – 17,50 €

Das Haus Heuport könnte ganze Bücher füllen. Entstanden im Jahre 1300 prägt es gegenüber der Westfassade des Doms den imposanten Platz und zählt zu den größten Patrizierpalästen Regensburgs. Der Name „Heuport" leitet sich von „Heutor" ab, da der Heumarkt einst vor dem Haus stattfand. Hier saßen auch bis in die 1990er Jahre die legendären Regensburger „Radiweiber" und auch heute noch ist hier der Dreh- und Angelpunkt für alle Besucher der Stadt. Zahlreiche Besonderheiten machen das Haus zu einer wahren Entdeckungsreise. Zu den Sagen und Legenden des Gebäudes kann man auch auf

UNSER TIPP

Das „Heuport für Zwei" mit französischen Croissants, Bienenhonig und Fruchtmarmelade, Rohmilchkäse und Schnittkäse mit Nüssen und Trauben, Schwarzwälder Schinken mit Melone, Erdbeeren und Kräuterfrischkäse und 2 Gläsern Orangensaft für 26,00 € – sogar mit 2 Cappuccinos – ist eine runde Sache und lässt schon ahnen, was beim viel gelobten Frühstücksbrunch an Sonn- und Feiertagen für sagenhafte 19,50 € geboten wird. Mit ganz besonders hochwertigen Leckereien geht der nämlich in die Genussoffensive – lassen Sie sich überraschen und gönnen Sie sich diesen Luxus zum kleinen Preis.

der Homepage Erstaunliches erfahren, zum Beispiel was es mit der „törichten Jungfrau" und dem „Fürst der Welt" an der Treppe auf sich hat. Eine spannende Reise bietet aber auch die Speisekarte von Juliette und Wolfgang Riemhofer, die das Haus seit 1999 zu dem gemacht haben, was es heute ist: Eine der elegantesten Adressen der Stadt, die den idealen historischen Rahmen für Feste, Tagungen, ein Candle-Light-Dinner oder gemütliche Frühstücksstunden gibt. Im Sommer bietet der große Freisitz gegenüber der Domplat-

Inhaber
Juliette und
Wolfgang Riemhofer

Kontakt
Domplatz 7
93047 Regensburg
09 41 / 59 99 29 7
info@heuport.de
www.heuport.de

Öffnungszeiten
Sommer
Mo – Fr 10.00 – 24.00 Uhr

Winter
Mo – Fr 11.30-22.00 Uhr

ganzjährig
Sa / So / feiertags
9.00 – 24.00 Uhr

Frühstückszeiten
Sommer
täglich 10.00 – 12.00 Uhr

Winter
täglich 11.00 – 14.00 Uhr
Sa / So / feiertags
9.00 – 14.00 Uhr

Das günstigste Frühstück

„Hurry Up" (Ofenfrische Croissants, Butter, Nutella, Konfitüre, Honig und Obst) 6,90 €

Das teuerste Frühstück

„Genießerfrühstück" (Parmaschinken mit Melone, Mailänder Salami, geräucherter Lachs, Tomate mit Mozzarella, frischer Fruchtsalat, französischer Brie, weichgekochtes Ei, Marmelade, Honig, Butter und Baguette mit einem Glas Schlumberger Sekt) 17,50 €

Räumlichkeiten

Lokal: 250 Plätze
Freisitz: 250 Plätze

Brot

Vollkornbrot, Baguette, Croissant, Bauernbrot, Brezen

Bäcker

Schifferl und Pernsteiner

Sonstige Speisen

Moderne und kreative regionale Küche und saisonale Besonderheiten mit euroasiatischem und mediterranem Einfluss

Sonstiges

Kaffee: Dallmayr; sonntags traumhaftes Frühstücksbuffet – lässt sich übrigens auch als Veranstaltung buchen; Kochkurse So, Mo und Di 16.00–19.00 Uhr mit vorheriger Anmeldung; im Winter eingeschränkte Frühstückskarte

te einen einzigartigen Logenplatz und das Haus wirbt mit einer umfangreichen Frühstücksauswahl. Wenn es kühler wird, kann man an den gotischen Fensterplätzen im Festsaal die Geschichte und das besondere Flair auch kulinarisch genießen. Sowohl Juliette als auch Wolfgang Riemhofer haben in großen Hotels gelernt. Das dynamische Paar hat Erfahrungen in verschiedenen Häusern gesammelt, sie haben sich auch bei der Arbeit kennengelernt und sind gemeinsam nach Regensburg, in Wolfgangs Heimat gegangen, um das Haus Heuport zu übernehmen. Ein Glück für Regensburg und für alle, die in den Genuss eines Besuches dort kommen.

FAZIT

Ein Frühstück in diesem altehrwürdigen Haus, in diesem stilvollen besonderen Rahmen und bei so herzlichen Gastgebern wird garantiert zu einem unvergesslichen Erlebnis. Genießen Sie, als alteingesessener Regensburger oder Gast von weit her, Ihren Besuch auf Augenhöhe mit dem mächtigsten Wahrzeichen der Stadt, dem Dom St. Peter, und lassen Sie sich im Heuport verwöhnen.

BESONDERHEITEN

veganes Frühstücksangebot · · regionale Zutaten · selbst zusammenstellbar · · hausgemachte Marmeladen · · Frühstück an allen Öffnungstagen verfügbar · · kinderfreundlich · W-LAN · Reservierung erforderlich (Wochenende)

LIEBLINGSFRÜHSTÜCK

Die Antwort kommt ganz schnell von Wolfgang: „A Schifferl-Brezen, a Gierstorfer Weißwurst und a Bischofshof Weizen." Er ist eben ein echter Bayer. Juliette dagegen ist eher die Süße und genießt gerne ein Croissant mit Honig und einen Milchkaffee.

Jolie

ESPRESSO-INDEX

Espresso: 2,10 €
Cappuccino: 2,90 €
Frühstück:
5,20 – 15,90 € inkl.

Eine echte Bereicherung stellt das kleine Café Jolie am geschichtsträchtigen Watmarkt 7 und sein Pendant gleichen Namens in der Klostermeyergasse 1 dar. So unterschiedlich in Größe und Anmutung – das eine heimelig und klein, das andere modern und weitläufig – so sind sie doch Schwestern im Geiste, denn sie sind beide absolut empfehlenswert! Auch wenn die Karten im Vergleich unterschiedlich daherkommen, so stehen doch beide gleichermaßen für die Qualität und das Prädikat Bio. Inhaber Christian Joachim ist ein gebürtiger Berliner, mit langjähriger Erfahrung in Gastronomie und aus Überzeugung kritischer Konsument und energischer Buchautor. Entsprechend bewusst wird unter seiner Regie auf biologisch einwandfreie Lebensmittel geachtet. Das zeigt sich nicht nur auf dem Speiseplan, sondern auch in der Einrichtung im Café Jolie neben dem Museum der Bayerischen Geschichte: Selbst die maßgefertigten Holztische sind auf natürliche Weise versiegelt und werden regelmäßig mit Honig gebeizt. Bis ins Detail wird hier ebenso

UNSER TIPP

Die Auswahl fällt nicht leicht, Sie können hier aber auch nichts falsch machen. Zum Start in den Tag bietet das getestete „Vegerita" für 10,90 € ein liebevoll angerichtetes Schüsselchen Naturjoghurt mit exotischen Früchten, köstlichen, hausgemachten Frischkäse, Butter, Marmelade, Honig, duftendes Baguette, ein Heißgetränk nach Wahl und ein Stück Kuchen – hier können wir den Cheescake nach patentierter Hausrezeptur absolut ans Herz legen. Das klingt nicht nur alles sehr gut – es schmeckt auch hervorragend.

Inhaber
Christian Joachim

Kontakt
Klostermeyergasse 1
93047 Regensburg
09 41 / 46 29 13 09
und
Watmarkt 7
93047 Regensburg
09 41 / 58 61 24 38
ng4@gmx.de
www.cafe-jolie.de

Öffnungszeiten
Klostermeyergasse
Sommer
täglich 9.00 – 22.00 Uhr
Winter
täglich 9.00 – 21.00 Uhr

Watmarkt
Sommer
täglich 9.00 – 22.00 Uhr
Winter
täglich 9.00 – 19.00 Uhr

Frühstückszeiten
täglich bis 16.00 Uhr

Das günstigste Frühstück
„Basis" (Butter, Marmelade, Nutella, Baguette) *inkl.* 5,20 €

Das teuerste Frühstück
„Fair Trade" (Reis-Quinoa-Popquins mit Bio-Milch, Agavensirup, Mangomarmelade, Erdnusscreme, Schokocreme, Schinken, Käse, Früchte, Baguette und ein O-Saft) *inkl.* 15,90 €

Räumlichkeiten
Klostermeyergasse
Lokal: 38 Plätze
Freisitz: 100 Plätze

Watmarkt
Lokal: 24 Plätze
Freisitz: 4 Plätze

Brot
Baguette, Vollkornbaguette

Bäcker
Deubel (Wörth a. d. Donau)

Sonstige Speisen
Suppen, belegte Bagels, Hotdog, hausgemachtes Pesto, Torten, vegane Kuchen und im Sommer selbst gemachtes veganes Eis

Sonstiges
Kaffee: Segafredo Bio Fairtrade, konsequente Bioküche, Aktion „nette Toilette" (Toiletten stehen öffentlich zur Verfügung), Suspended Coffee (einen Kaffee im Voraus bezahlen, für jemanden, der sich selbst keinen leisten kann)

liebevoll wie konsequent das Credo eines nachhaltigen Lebens nach strengen Kriterien umgesetzt: In großen Suppentellern buhlen die frisch gekochten Suppen (für 4,90 €) mit den köstlich duftenden Bio-Bagels um die Gunst der Gäste. Hier darf auch der Hotdog, ein vermeintliches Fastfood, zum Slowfood werden und wird – deutschlandweit einzig – mit originaler Hotdogwurst angeboten.

FAZIT

Im modernen Café Jolie an der neuen Promenade am Fluss lässt sich nicht nur ein außergewöhnliches Frühstück entdecken, auch für den kleinen und großen Hunger zwischendurch bietet die Karte viel Überraschendes – auch „to go".
Hier kann man, in den wärmeren Monaten, auf dem großzügigen Freisitz an der guten alten Donau den Tag mit biologisch einwandfreiem Schwung beginnen. Gleiches gilt für die kleine Schwester am Watmarkt. Die modernen Cafés mit

LIEBLINGSFRÜHSTÜCK

Mit Baguette, Marmelade, Schokocreme und Kaffee – natürlich fair trade, wie es in seinen Lokalen angeboten wird – ist Christian rundum glücklich.

dem ökologischen Credo sind schon jetzt kein Geheimtipp mehr. In beiden Cafés kann man schlemmen ohne ökologische Bedenken und mit gutem Gewissen. Hier sind Yin und Yang im Einklang und Sie bei vollem Genuss im grünen Bereich.

BESONDERHEITEN

veganes Frühstücksangebot · · regionale Zutaten · selbst zusammenstellbar · inklusive Heißgetränk · hausgemachte Marmeladen · Brotmenge unbegrenzt · Frühstück an allen Öffnungstagen verfügbar · barrierefrei · kinderfreundlich · W-LAN · Reservierung erforderlich (Wochenende)

CHRISTOPH HAUSER

***1974 IN REGENSBURG**
KOCH, COACH, IDEENFABRIKANT,
LEHRDIENSTVERWEIGERER, FOODAKTIVIST
WOHNT IN REGENSBURG

Der wirkt ganz ruhig, aber eigentlich kocht er. Manchmal brennt er auch, nämlich für eine andere Art des Gastgebens, wie Christoph Hauser es nennt. Persönlich, transparent, voller Geschmack und Freude an guten Zutaten und netten Menschen. Deshalb organisiert er auch Slow Food und wird nicht müde, für gute, saubere und faire „Lebens-Mittel" zu werben. Dass diese auch in flüssiger Form genossen werden können, ist durchaus hilfreich, wenn man Christoph im abendlichen Bermuda-Dreieck zwischen Degginger, Legato und Palletti trifft. Was für ein Glück für seine Gäste, dass er nach seinem Lehramtsstudium doch noch rechtzeitig den Dienst quittiert und die Kunst des Kochens von der Pike auf gelernt hat.

FRÜHSTÜCK – DES MOG I

Einen guten Kaffee (schwarz) und Zeit.

FRÜHSTÜCK – DES MOG I GAR NED

Smoothies – püriertes Gemüse verstehe ich einfach nicht.

LIEBLINGS-FRÜHSTÜCKSLOKAL

Palletti – weil man hier vom Frühstück bis zum Gin Tonic bleiben kann.

„IN DEN VERGANGENEN JAHREN HAT SICH KULINARISCH UNGLAUBLICH VIEL IN REGENSBURG GETAN.“

WARUM BEGEISTERT DICH REGENSBURG?

Hier habe ich ein großartiges Netzwerk und ich wohne direkt an der Donau mit den besten Nachbarn der Welt. In den vergangenen Jahren hat sich kulinarisch in Regensburg unglaublich viel getan. Und auch ich als Koch und Gastgeber hatte die Gelegenheit, neue Konzepte auszuprobieren. Die Regensburger haben als Gäste an Hausers Küchentisch bewiesen, dass wir Urbanität und Gastfreundschaft haben können. Manchmal muss man den Menschen die Scheu nehmen, sich einfach auf etwas anderes einzulassen.

WAS VERBINDET DICH DAMIT?

Ich bin gefühlt einer der wenigen Ureinwohner. Zwischendurch habe ich es mal weg geschafft, aber ich bereue weder das Weggehen noch das Wiederkommen. Ich fühle mich mit Regensburg und den Menschen, die hier leben, sehr verbunden. Die Stadt hat eine angenehme Größe, die es einem sehr leicht macht, sich hier schnell und gut einzuleben. Es vermittelt ein sehr positives Lebensgefühl, das man gerne aufschnappt und an Neu-Regensburger weitergibt.

WAS BEINHALTET FÜR DICH EIN GUTES FRÜHSTÜCK?

Auf jeden Fall viel Kaffee. Ansonsten bin ich nicht so der opulente Frühstückstyp. Am Wochenende und im Urlaub gerne ein tolles Croissant, vor allem aber liebe Menschen und die Möglichkeit zu schönen Gesprächen. Wenn es zeitlich machbar ist, kaufe ich samstags immer auf dem Markt ein. Vor dem eigentlichen Frühstück zuhause lege ich dann gerne noch einen kleinen Zwischenstopp am Kaffeestand dort ein.

WAS MÖCHTEST DU DEN LESERN MIT AUF DEN WEG GEBEN?

Zeigt Haltung und Respekt! Gute, saubere und fair produzierte Lebensmittel sind eine Lust und der Einkauf auf dem Markt keine Last.

„MAN SOLL DEM LEIB ETWAS GUTES BIETEN, DAMIT DIE SEELE LUST HAT, DARIN ZU WOHNEN."

WINSTON CHURCHILL

Kona Coffee Garden

ESPRESSO-INDEX

Espresso: 2,00 €
Cappuccino: 3,00 €
Frühstück:
3,00 – 12,90 €

Der St.-Kassians-Platz, der sich in unmittelbarer Nähe zur Galeria Kaufhof und der Fröhlichen-Türken-Straße befindet, ist schon immer ein Ort der Gemütlichkeit. Früher lockte hier eine stadtbekannte Konditorei, das sehr beliebte „Café Rösch". Seit 2009 ist der Kona Coffee Garden in der Eckpassage des Platzes beliebt bei Jung und Alt, 2013 hat es nun Eduard Beitinger übernommen. Der junge Profi-Fußballschiedsrichter hat sich mit dem Kona ein zweites Standbein geschaffen und leitet das Café ebenso souverän wie die internationalen Spiele, die er pfeift. Der Stil des Kona ist von jeher lässig, tiefen-

UNSER TIPP

Das große Kona-Frühstück von der Etagere für 12,90 € (ohne Heißgetränk) ist ein wirkliches Highlight, denn die Präsenation und die Qualität der Zutaten sind absolut erste Liga! Hinterschinken, Leberpastete, Zigeunersalami, Käseauswahl und sehr leckerer Kräuterfrischkäse, dazu Baguette und Mehrkornbrötchen. Ein Bircher-Müsli und ein kleiner Obstsalat liefern die gesunde Komponente und runden das Angebot ab. Da fand dann auch das Stück Kuchen, ein Croissant, Marmelade und Butter vor unserem Gewissen noch Genehmigung.

entspannt und modern. Schon im Eingangsbereich locken die hausgemachten Kuchen in der Vitrine. Verschiedene Räume vermitteln angenehme Privatsphäre, obwohl das Kona meist gut

Inhaber
Eduard Beitinger

Kontakt
St.-Kassians-Platz 6
93047 Regensburg
09 41 / 9 42 56 84
kontakt@konacoffee.de
www.konacoffee.de

Öffnungszeiten
Mo – Fr 8.30 – 18.00 Uhr
Sa 9.00 – 19.00 Uhr
So / feiertags
10.00 – 18.00 Uhr

Frühstückszeiten
Mo – Fr bis 12.00 Uhr
Sa / So / feiertags
bis 14.00 Uhr

Räumlichkeiten
Lokal: 100 Plätze
Freisitz: 50 Plätze

Brot
Vollkornbrot, Bauernbrot, Baguette, Croissant, Semmeln und Brezen

Bäcker
Hofpfisterei

Sonstige Speisen
Bagels, Salate, Quiches und Suppen bieten auch nach dem Frühstück eine leckere Abwechslung.

Sonstiges
Kaffee: Rehorik; der Lox Bagel für 5,30 € mit Naturfrischkäse, Räucherlachs, Meerrettich und Salat ist ein Gedicht und ersetzt locker eine volle Mahlzeit

besucht ist. „Der gesamte Außenbereich wird demnächst noch viel schöner!", freut sich der sportliche Inhaber, dem freundliches Personal und eine liebevolle Atmosphäre sehr wichtig sind. Genau das lädt förmlich zu einer Auszeit im Kona Coffee Garden ein.

FAZIT

Das Kona hat eine besonders entspannte Aura, ein sonniges Ambiente und bietet für jeden Gast eine individuelle Ecke. In den neu gestalteten Sitz-

Das günstigste Frühstück
Croissant mit Butter und Marmelade 3,00 €

Das teuerste Frühstück
„Großes Kona-Frühstück auf Etagere" (Hinterschinken, Leberpastete, Zigeunersalami, Käseauswahl, Kräuterfrischkäse, Bircher-Müsli, kleiner Obstsalat, Kuchen, Baguette, Mehrkornbrötchen, Croissant, Marmelade und Butter) 12,90 €

bereichen findet der eine Ruhe für ein Buch, während im hinteren Teil, neben einem einladenden Spielbereich, sich so manche Mama eine Pause gönnen kann, weil die Kleinen Platz zum Malen oder Spielen finden. Das gesamte Angebot wird auch hohen Ansprüchen gerecht und drinnen wie draußen finden Sie im neu angelegten Kona Coffee Garden einen Ruhepol im Herzen der Altstadt. Wohlbefinden und Zufriedenheit des Gastes gehören zur Philosophie des jungen Betreibers und das kann man hier wirklich spüren.

BESONDERHEITEN

· regionale Zutaten · selbst zusammenstellbar · · · ·

Frühstück an allen Öffnungstagen verfügbar · barrierefrei · kinderfreundlich · W-LAN · Reservierung erforderlich (Winter)

LIEBLINGSFRÜHSTÜCK

Eduard bevorzugt ein klassisches Rührei und etwas Süßes wie Nutella oder Marmelade, das reicht dem Profi-Fußballschiedsrichter als Start in den Tag.

Kuchenbar

kuchenbar.

ESPRESSO-INDEX

Espresso: 1,50 €
Cappuccino: 3,00 €
Frühstück:
3,30 – 9,50 €

Für Regensburger Kuchenfans ist die Kuchenbar schon längst kein Geheimtipp mehr. Maria und Tom Winter starteten 2010, in der ehemaligen Metzgerei Schuderer, mit ihrer Idee zur Selbständigkeit durch und trafen damit vollkommen ins Schwarze. Den Schritt haben die beiden nie bereut und der Erfolg gibt ihnen recht: Das kleine Lokal ist fast immer voll besetzt. Als Maria als Kind erfuhr, dass „Kuchen backen" auch ein Beruf sein kann, war für sie die Sache klar. Die gelernte Konditorin zaubert heute über 50 eigene Kuchenvariationen, von denen sich 24 (es sei denn, sie sind bereits ausverkauft) in der großen

UNSER TIPP

„kuchenbar sin carne“ – hier werden Sie auch fleischlos glücklich! Freuen Sie sich auf eine tolle Auswahl an verschiedenen Käsesorten, ein kleines Stück Quiche, hausgemachte Marmelade und hausgemachten Brotaufstrich, Butter und das selbst kreierte Weißbrot bzw. das leckere Natursauerteigbrot zum Preis von 9,50 € (ohne Heißgetränk). Davon wird nicht nur Ihr Auge, sondern auch Ihr Gaumen begeistert sein!

Vitrine tummeln Tom, der nach einer Ausbildung als Landschaftsgärtner und Friseur und nach der BOS sein Herz für die Gastronomie entdeckte, ist hingegen der Mann an der Front. Mit seiner unaufdringlichen Art sorgt er dafür, dass man sich in der Kuchenbar sofort „heimisch“ fühlt. Das kleine Café, das sich idyllisch am Ende der Genussmeile in Stadtamhof vor dem Tor zum Protzenweiher befindet, verzaubert aber nicht nur Kuchenfans, sondern bietet auch ein leckeres Frühstück. Dank der überschaubaren Auswahl im Vergleich zum umfangreichen Kuchenangebot findet man sich

Inhaber
Maria und Tom Winter

Kontakt
Am Protzenweiher 1
93059 Regensburg
09 41 / 38 21 69 95
info@kuchenbar-regensburg.de
www.kuchenbar-regensburg.de

Öffnungszeiten
Mi–Sa 11.00 – 23.00 Uhr
So 11.00 – 19.00 Uhr

Frühstückszeiten
durchgängig verfügbar

Ruhetag
Montag und Dienstag

Das günstigste Frühstück
Croissant mit Butter und hausgemachter Marmelade
3,30 €

Das teuerste Frühstück
„kuchenbar con carne" (Butter, hausgemachte Marmelade, hausgemachter Brotaufstrich, italienische Salami, luftgetrockneter Schinken, Käseauswahl, Brot)
9,50 €

Räumlichkeiten
Lokal: 25 Plätze
Freisitz: 50 Plätze

Brot
Hausgemachtes Weißbrot, Natursauerteigbrot, Croissant, Brezen

Bäcker
Frischeisen

Sonstige Speisen
Hausgemachte Kuchen, regionale Speisen wie Eintopf, Salat, hausgemachtes Curry oder das wechselnde Tagesgericht ziehen viele Stammgäste in das kleine Café.

Sonstiges
Das Team der Kuchenbar bietet auch Catering für Veranstaltungen oder private Feiern an. Alle Kuchen, Speisen (beim Mitbringen eines eigenen Gefäßes) und Getränke können auch mitgenommen werden. Es gibt außerdem eine umfangreiche Getränkekarte. Prost!

schnell zurecht. Aktuell gibt es ein vegetarisches und ein nicht-vegetarisches Frühstück, das jedoch alles bietet, was das Frühstücksherz begehrt. Oder Sie wählen einfach Rühr- oder Spiegelei (mit Lauchzwiebeln, Kirschtomaten, Bacon bzw. Frischkäse), Joghurt mit Obst und/ oder Müsli in verschiedenen Größen bzw. ein Croissant oder eine Breze mit Butter, Nutella, hausgemachter Marmelade oder Honig. Auf dem Tisch landet, was der Gemüsegarten bzw. der regelmäßig in Stadtamhof stattfindende Markt hergibt. Nicht nur die Marmeladen sind selbst gemacht, Küchenchef Mike bäckt auch sein Weißbrot selbst. Das Natursauerteigbrot liefert die Bäckerei Frischeisen. Liebevoll dekoriert schmeckt hier (leider) alles!

FAZIT

Klein, aber fein. Das trifft zu 100% auf das Frühstücksangebot in der Kuchenbar zu. Sollten Sie sich nach vollendetem Frühstück von der tollen Auswahl aus der Kuchenvitrine nicht losreißen können, zögern Sie nicht und genießen Sie einfach weiter. Denn wie Oscar Wilde es schon so treffend auf den Punkt gebracht hat: „Versuchun-

BESONDERHEITEN

· regionale Zutaten ·

·

·

hausgemachte Marmeladen ·

·

Frühstück an allen Öffnungstagen verfügbar ·

gen sollte man nachgeben. Wer weiß, ob sie wiederkommen…"

Von links: Tom Winter, Maria Winter, Mike Petzl und Andreas Winter

LIEBLINGSFRÜHSTÜCK

Tom liebt morgens Porridge mit Obst. **Maria** frühstückt am liebsten Joghurt mit frischem Obst und Müsli.

La Chapelle

ESPRESSO-INDEX

Espresso: 1,90 €
Cappuccino: 2,60 €
Frühstück:
2,50 – 9,80 €

Der „Alte Kornmarkt" ist ein geschichtsträchtiges Pflaster. Dort residierten die „bairischen" Herzöge aus dem Geschlecht der Agilolfinger und so hat der Platz bereits spektakuläre Turniere mit kaiserlicher Pracht und mittelalterlicher Justiz erlebt. Hier im Herzogshof fand die Reichsversammlung statt. Durch das damalige Portal zur karolingischen Pfalz schritt 1541 auch Kaiser Karl V. Die ehemalige Hauskapelle gab dem schmucken Café La Chapelle auch den Namen. Hier kann man gemütlich im imposanten Kreuzgewölbe seinen eigenen Hof halten. Der Kornmarkt ist immer schon einer der Lieblingsplätze der echten Regensburger und seit 2007 haben sie auch Gelegenheit, das La Chapelle von Inhaber Jürgen Zandt zu besuchen. Zusammen mit seiner Partnerin Isabella verwöhnt er seine Gäste mit hausgemachten Kuchen und Crêpes. Lassen Sie sich im historisch einmaligen Ambiente und auf der entspannten Terrasse nieder und ge-

Inhaber
Jürgen Zandt

Kontakt
Alter Kornmarkt 1
93047 Regensburg
09 41 / 50 27 59 78
info@la-chapelle-regensburg.de
www.la-chapelle-regensburg.de

Öffnungszeiten
Mo–Do 9.00 – 0.00 Uhr
Fr / Sa 9.00 – 1.00 Uhr
So / feiertags
9.00 – 18.00 Uhr

Frühstückszeiten
täglich bis 16.00 Uhr

UNSER TIPP

Auf hohem Niveau kann man hier „Gauguin" und „Monet" genießen und bunt wie ihre Farbpalette ist auch die Zusammenstellung der appetitlichen Teller. Wir fühlten uns den schreibenden Künstlern verpflichtet und haben „Balzac" für Sie getestet und wurden mit einem Gaumenschmaus an hochwertigen Produkten verwöhnt. Spinatrührei, Schinken, Räucherschinken, Käse, Leberwurst, Joghurt oder Müsli mit frischen Früchten, frischem Orangensaft, Konfitüre, Honig, Butter und ein reichlicher Brotkorb für 9,80 € werden dem weltbekannten Schriftsteller mehr als gerecht.

Räumlichkeiten
Lokal: 28 Plätze
Freisitz: 34 Plätze

Brot
Vollkornbrot, Baguette, Mischbrot

Sonstige Speisen
Internationale Küche mit abwechslungsreicher Wochenkarte, von Salat über Pasta bis Zander bei durchgehend warmer Küche

Sonstiges
Viele Kaffeeflavors und geschüttelter Espresso-Shakerato bieten Abwechslung.

nießen Sie den Blick auf die „Alte Kapelle", in der Papst Benedikt XVI. 2006 die neue Orgel einweihte. Hier sitzen Sie auf hoheitlichem Gelände und doch ganz relaxt im „day & night" Café La Chapelle.

FAZIT

Die entspannte, fast familiäre Atmosphäre tut das ihre zu einem genussvollen Frühstück in einer von Regensburgs guten Stuben – dem Kornmarkt. Das La Chapelle bietet alles für ein leckeres Frühstück, allein oder mit Freunden. Das zahlreiche

Das günstigste Frühstück
„Chopin" (Croissant, Konfitüre, Butter) 2,50 €

Das teuerste Frühstück
„Balzac" (Spinatrührei, Schinken, Räucherschinken, Käse, Leberwurst, Joghurt oder Müsli mit frischen Früchten, frischer Orangensaft, Konfitüre, Honig, Butter, Brotkorb) 9,80 €

LIEBLINGSFRÜHSTÜCK

Wenn er mit seiner Partnerin Isabella Zeit findet, gönnt sich Jürgen gerne Rühr- oder Spiegelei mit Schinken, Käse, Salami und Baguette.

Stammpublikum ist hier Garant für Qualität und spricht für sich. Erleben Sie Regensburg an diesem ganz besonderen Platz am ehemaligen Herzogshof mit einer verlockenden Auswahl zum Frühstück, einer abwechslungsreichen Wochenkarte und ausgewählten Weinen aus Frankreich. Sie werden es nicht bereuen.

BESONDERHEITEN

· regionale Zutaten · selbst zusammenstellbar · Brotmenge unbegrenzt · Frühstück an allen Öffnungstagen verfügbar · barrierefrei · kinderfreundlich · Reservierung erforderlich (Wochenende)

MARCO KÖSTLER

***1973 IN WALDERSHOF / NÖRDL. OPF**
MUSIKER, PRODUZENT & DJ
WOHNT IN REGENSBURG

Marco Köstler hat seine Liebe zur Musik zum Beruf gemacht: Nach erfolgreichem Musikstudium in Regensburg ist er seit vielen Jahren mit seinem eigenen Tonstudio als Produzent und DJ tätig. Inzwischen verleiht er aber auch dem Regensburger Getränke-Start-Up GEWARA nicht nur den richtigen Sound und Schnitt, sondern er reist für das Getränkelabel auch viel um die Welt. Mit seinem musikalischen Partner Martin Sennebogen arbeitet er derzeit gerade an einem neuen Moodorama-Album.

FRÜHSTÜCK – DES MOG I

Regionales vom Markt, frische Zutaten, wenig Fleisch und Wurst (wenn, dann aber von einem guten Metzger).

FRÜHSTÜCK – DES MOG I GAR NED

Grundsätzlich mag ich alles, aber Sausages und Baked Beans muss ich nicht haben.

LIEBLINGS-FRÜHSTÜCKSLOKAL

Rinaldi

„WENN ICH ZEIT HABE, WIRD DIE ERSTE MAHLZEIT DES TAGES TOTAL ZELEBRIERT.“

WARUM BEGEISTERT DICH REGENSBURG?

In Regensburg geht man durch die Stadt und kommt oft aus dem „Hallo“-Sagen nicht mehr heraus. Wenn man länger hier lebt und offen mit den Menschen umgeht, schwindet sehr schnell die Anonymität. Das ist fast schon ein bisschen erschreckend, auf der anderen Seite auch wieder furchtbar schön. Regensburg ist für mich ein echtes „Schmuckkästchen“ und trotz der Fehler in der Infrastruktur (wie den mangelnden Taxis bei Nacht) dennoch unglaublich liebens- und lebenswert.

WAS VERBINDET DICH DAMIT?

Ich bin mit zwölf Jahren nach Regensburg gekommen und ging damals auf das Domspatzengymnasium. Dort war ich übrigens auch oft für den morgendlichen Frühstücksdienst zuständig. Das Schlimmste, was einem damals passieren konnte, war zu verschlafen, denn dann mussten alle aufs Frühstück warten.

WAS BEINHALTET FÜR DICH EIN GUTES FRÜHSTÜCK?

Einen tollen Kaffee, wachsweiche sechs-Minuten-Eier, Ziegenfrischkäse mit Trüffelöl, eine frische Avocadocreme und gerne auch eine warme Komponente wie z. B. die klassisch thailändischen Omelett-Rollen, die noch direkt in der Pfanne gerollt werden. Neben all dem Herzhaften gibt es für mich zuletzt immer noch einen süßen Abschluss. Mit meiner Frau habe ich inzwischen ein richtiges Frühstücks-Ritual entwickelt. Sie darf im Bett noch etwas lesen und ich kümmere mich um die Vorbereitungen. Wenn ich meine „Arbeit“, die ich übrigens richtig genieße, getan habe, heißt unser Codewort „Das Frühstück ist fertig – kommen Sie jetzt!“, sie schlüpft in ihren angewärmten Bademantel und wir setzen uns gemeinsam an den Tisch.

WAS MÖCHTEST DU DEN LESERN MIT AUF DEN WEG GEBEN?

Probiert alles… testet neue Lokale… geht mit offenen Augen durch die Welt!
Reist viel – und kommt gerne wieder nach Regensburg zurück! :)

Lila

Café Lila

Am Café Lila kommt man auf dem Weg aus dem Labyrinth der Gassen, Richtung Haidplatz, nicht vorbei, jedenfalls nicht ohne den Duft der Kaffee- und Teegetränke zu schnuppern. Der besondere Charme dieser malerischen Ecke und das italienische Flair des historischen Platzes rahmen das Lila ein. Fast magisch wird man von dem lauschigen Café, das sich am Anfang der Rote-Hahnen-Gasse so verträumt an die alten Mauern schmiegt, angezogen. Das verwinkelte alte Gebäude war schon seit jeher Stätte der Begegnung in den verschiedensten gastronomischen Variationen. Die gemütlichen Räume

ESPRESSO-INDEX

Espresso: 2,00 €
Cappuccino: 2,90 €
Frühstück:
4,20 – 11,90 €

machen dem Namen des Lokals auch farblich alle Ehre. Stefan Hofmarksrichter, schon seit über 30 Jahren in der Gastronomie, ist mit dem alteingesessenen Café Lila 2011 in das Haus gezogen und hat hier einen Raum für gemütliche Stunden mit großem Genuss und vielfältiger Kunst an den Wänden geschaffen. Zur Kunst bietet das Lila aber

UNSER TIPP

Darf es etwas exotischer sein? Dann empfehlen wir eine Reise in den Orient mit dem arabischen Frühstück für 11,00 € (ohne Heißgetränk). Schon beim ersten Bissen entführen die Gewürze in die Ferne: Herrlich frischer Hummus, gefülltes Weinblatt, Kalamata-Oliven, Fetakäse, Sucuk (Rinderwürste mit Knoblauch) vom Grill, Tomate, Paprika und Gurke, zusammen mit dem warmen Fladenbrot und dem Rahmjoghurt mit Nüssen und Honig werden Urlaubserinnerungen wecken.

Inhaber
Stefan Hofmarksrichter

Kontakt
Rote-Hahnen-Gasse 2
93047 Regensburg
09 41 / 5 55 52
info@cafe-lila.de
www.cafe-lila.de

Öffnungszeiten
Mo–So 8.00–1.00 Uhr
Fr / Sa 8.00–2.00 Uhr

Frühstückszeiten
täglich 8.00–17.00 Uhr

Das günstigste Frühstück
„Kontinentales Frühstück" (hausgemachte Erdbeermarmelade, Butter, Obst, Baguette) 4,20 €

Das teuerste Frühstück
„Großbritannisches Frühstück" (Würstchen, Bacon & Eggs mit gebratenen Tomaten, Heinz Baked Beans, Ketchup, Brotkorb, Butter, Orangenmarmelade, Toast, frischer O-Saft) 11,90 €

auch leckeres Müsli und noch viel mehr: Mit internationaler Küche und entsprechend vielseitig präsentiert sich die Frühstückskarte. Hat man erst einen der begehrten Plätze ergattert, liegt einem nicht nur der italienisch anmutende Haidplatz, sondern kulinarisch die halbe Welt zu Füßen. Klassisch französisch, traditionell kontinental oder lieber ein American Breakfast? Selten findet man eine so bunte Landkarte an Speisen für einen guten Start in den Tag.

FAZIT

Café Lila – die süßeste Versuchung, seit es Cafés gibt? Auf jeden Fall der ideale Platz, um hier, am Wohnzimmer der alten Domstadt, den Gästen

Räumlichkeiten
Lokal: 100 Plätze
Freisitz: 50 Plätze

Brot
Vollkorn, Baguette, Croissant, Brezen

Sonstige Speisen
Legendäres Chili con – respektive sin – Carne, aber auch eine gute Auswahl an Salaten bis zu Burgern, auch vegetarisch und vegan.

Sonstiges
wöchentlich wechselnde Mittagskarte, Straßenverkauf seit 2017 im „Lila Street", auch komplett vegetarisch

LIEBLINGSFRÜHSTÜCK

Unter der Woche powert sich Stefan mit Frischkornmüsli, am Wochenende darf es gerne auch das „ganze Programm“ sein.

aus der ganzen Welt beim Flanieren zuzusehen. Das Frühstück ist keine überladene Diva, sondern eine Naturschönheit, die durch echten Geschmack und gute Qualität besticht. Bei hausgemachten Limonaden kann man sich an den wechselnden Bilder- und Fotoausstellungen erfreuen oder sich beim Genuss der Speisen, fast wie daheim, in die Zeitung vertiefen oder in Zeitschriften blättern. Das Frühstück gibt es hier für alle Nachtschwärmer, Spätaufsteher und Ganztages-Genießer bis (unschlagbar!) 17 Uhr. La Bohème trifft hier auf Dolce Vita und es bleibt doch gemütlich.

BESONDERHEITEN

veganes Frühstücksangebot · · regionale Zutaten · · · hausgemachte Marmeladen · Brotmenge unbegrenzt · Frühstück an allen Öffnungstagen verfügbar · · kinderfreundlich · W-LAN · Reservierung erforderlich (Wochenende)

Malefiz

ESPRESSO-INDEX

Espresso: 1,90 €
Cappuccino: 2,90 €
Frühstück:
3,90 – 10,50 €

Eines der jüngsten Cafés in den Regensburger Gassen ist das „Malefiz" in der Pfarrergasse zwischen Neupfarrplatz und Obermünsterstraße. Übersetzt man aus dem Lateinischen, so bedeutet Malefiz „Frevel" und tatsächlich wäre es ein solcher, wenn man dieses kleine, entspannte Café nicht besuchen würde. Viel geläufiger ist der Name im Bayerischen: Hier sagt man zu einem Lausbuben, der es faustdick hinter den Ohren hat, du Malefizer. Das haben auch Julian Meindl und Maximilian Reif öfter mal von ihren Omas zu hören bekommen, wie sie uns augenzwinkernd verraten. Das Who is Who dieser speziellen Lausbuben- und Schlawiner-Gattung hängt hier auch an den Wänden des Lokales im trendigen Loftstyle: Vom Monaco Franze bis James Bond haben sich wohl alle Herren dieser hall of fame den Namen Malefizer redlich verdient. Puristisch, aber gemüt-

UNSER TIPP

Das „Malefiz"-Frühstück (9,70 €) offeriert ein krosses Avocadobrot mit Ei und selbstgemachtem Tomaten-Chutney, dazu frischer Rucola und eine Breakfast-Bowl nach Wahl. Wir haben uns den Waldbeertoni ausgesucht und waren geflasht von dem Geschmackserlebnis. Mit dem herrlichen Omelett aus drei Eiern (4,80 €), hausgemachtem Tomatenchutney (1,00 €) und Bacon (1,00 €) ergibt sich ein wunderbar herzhafter Mix. Dazu die große Mangomoni (6,90 €), das gibt Power für einen langen Tag. Hier schmeckt alles gesund und äußerst lecker, das erklärt auch den Erfolg des jungen Lokals.

Inhaber
Maximilian Reif
und Julian Meindl

Kontakt
Pfarrergasse 6
93047 Regensburg
09 41 / 70 90 59 37
info@malefiz-regensburg.de
www.malefiz-regensburg.de

Öffnungszeiten
Di–Sa 9.00–2.00 Uhr
So 9.00–19.00 Uhr

Frühstückszeiten
Di–Fr bis 12.00 Uhr
Sa / So bis 14.00 Uhr

Ruhetag
Montag

Räumlichkeiten
Lokal: 40 Plätze
Freisitz: 10 Plätze

Brot
Vollkornbrot, Baguette, Croissant, Bauernbrot, bestimmte Brote werden selbstgebacken: Avocadobrot, Ciabatta, Roggenbrot

Sonstige Speisen
Pulled Pork mit hausgemachtem Coleslaw (Krautsalat), Bio-Ochsen-Pastrami (aus dem Bayerischen Wald) und Süßkartoffel-Pommes und hausgemachte Chutneys und die trendigen Buddha Bowls

Sonstiges
Kaffee: Rehorik
Moderne, gesunde Küche und garantiert ohne Convenience, Heißgetränke auch mit laktosefreier Milch, Sojamilch oder Mandelmilch

Das günstigste Frühstück
„Pfennigfuchser" (Buttercroissant mit Butter und selbstgemachter Marmelade)
3,90 €

Das teuerste Frühstück
„Spotzl" (Melone mit Parmaschinken, Mailänder Salami, Frischkäse-Dip, Tomate-Mozzarella mit Rucolapesto, cremiger Camembert mit karamellisiertem Apfel, eingelegte Oliven, nussiger Käseaufschnitt, dazu selbstgemachte Marmelade, Butter und Brotkorb)
10,50 €

lich lädt das Café in modernem Zeitgeist zum abendlichen Drink und lichtdurchflutet am Morgen zum Frühstück in kuscheliger Runde. Aber nicht nur das junge Volk hat das Lokal mit den innovativen Bowls und ausgefallenen und trendigen Speisen längst für sich entdeckt. Auch der zeitunglesende ältere Regensburger genießt diesen ruhigen Ort mit der chilligen Atmosphäre, denn das Gebäude kann inzwischen doch auf eine lange gastronomische Vergangenheit zurück blicken: Über 20 Jahre war hier das Café Lila zuhause, dann folgte das „Lola" und schließlich haben die zwei jungen Niederbayern den komplett sanierten Räumen einen frischen, bayerisch modernen Odem eingehaucht. Wie so viele vor ihnen hatten sich beide beim Studium in Regensburg, in die Stadt verliebt. Ihren Traum einer eigenen Gastronomie mit viel Persönlichkeit und bayerischer Gemütlichkeit auf der Höhe der Zeit, der damals entstand, haben sie dann zusammen mit dem Café Malefiz umgesetzt. So haben die zwei „Malefizer" nicht nur ihre sympathische Art, sondern auch die gesunden und super leckeren Buddha Bread Bowls und das Straubinger „Karmeliten Gold" mit

LIEBLINGSFRÜHSTÜCK

„Natürlich Weißwurscht, da san ma uns einig", lacht Max und spricht damit auch für seinen Malefiz-Partner Julian.

nach Regensburg gebracht. Das „Ratschkattl-Frühstück für Zwei" lässt hier nichts aus und ist eine wunderbare Basis für ein ausführliches Gespräch unter Freundinnen oder Malefizern.

FAZIT

Der Style ist cool und die Atmosphäre ist so chillig wie in einem New Yorker Trendcafé, aber auch die niederbayerische Komponente macht das Malefiz zu einem so angenehm entspannten Ort. Ob „Gifthaferl" oder „Gschaftlhuber" – die Breakfast Bowls haben nicht nur originelle Namen, es sind auch wahre Vitaminbomben und kulinarisch eine echte Offenbarung. Buddha Bread Bowls – ein neuer Trend bei ernährungsbewussten Genießern: Die bauchigen, sogenannten Clean-Eating-Schüsseln tragen den Namen Buddhas also nicht von ungefähr. Im Malefiz wird der gesunde Food-Trend in essbaren Brot-Schalen serviert. Ein Grund mehr, den Youngster unter den Cafés Regensburgs zu besuchen!

BESONDERHEITEN

· regionale Zutaten · selbst zusammenstellbar · · hausgemachte Marmeladen · · Frühstück an allen Öffnungstagen verfügbar · · kinderfreundlich · W-LAN · Reservierung erforderlich (Wochenende)

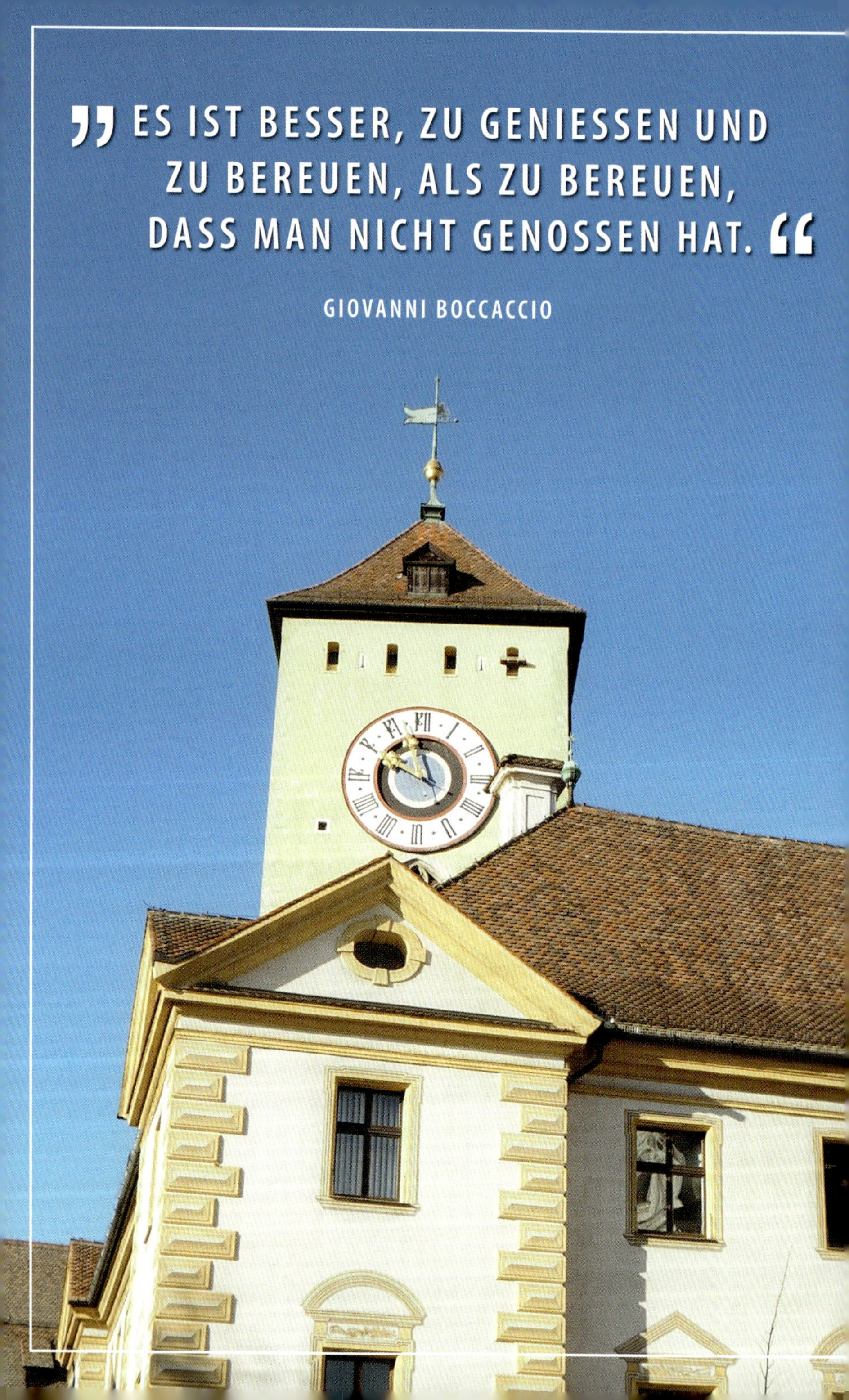

„ES IST BESSER, ZU GENIESSEN UND ZU BEREUEN, ALS ZU BEREUEN, DASS MAN NICHT GENOSSEN HAT."
GIOVANNI BOCCACCIO

JOSEF MENZL

*1973 IN REGENSBURG
MUSIKER
WOHNT IN PENTLING

Auch wenn Josef Menzl eigentlich mal eine ganz solide Karriere als Beamter eingeschlagen hat: Für Furore sorgt er mit seiner Leidenschaft zur Musik. Mit seiner gleichnamigen Kapelle ist er bereits seit 1995 im gesamten deutschsprachigen Raum unterwegs. Hier gibt er vorzugsweise mit seiner Klarinette den richtigen Ton an. Seine andere musikalische Seite, die sich eher den Klängen des Jazz und Rock'n 'Roll verschrieben hat, zeigt sich allerdings auch bei immer wiederkehrenden Auftritten mit diversen Bands als „José Menzini".

FRÜHSTÜCK – DES MOG I

Ich brauche frische und möglichst regionale Produkte auf meinem Teller. Das fängt beim Brot an und hört bei der Wurst auf.

FRÜHSTÜCK – DES MOG I GAR NED

Kuchen, Nutella, Donuts, Muffins oder Supermarkt-Marmelade. Aber auch keine Weißwurst, die gehört nicht zum Frühstück, die fällt unter ein Extra-Ritual.

LIEBLINGS-FRÜHSTÜCKSLOKAL

Historische Wurstkuchl

„IN DER ALTSTADT KANN MAN DIE GESCHICHTE FÖRMLICH EINATMEN.“

WARUM BEGEISTERT DICH REGENSBURG?

Weil es eine geschichtsträchtige Stadt ist. Die mittelalterliche Altstadt finde ich sehr beeindruckend, hier kann man Geschichte förmlich einatmen, außerdem liebe ich die kleinen Cafés, Wirtshäuser, Italiener und auch die kleinen Läden. Zur Weihnachtszeit ist die Stadt allerdings total überlaufen, ein Grund, weshalb ich meine geliebte Altstadt zu der Zeit eher meide, denn ich finde auch diese volksfestartigen Weihnachtsmärkte furchtbar. Ich hoffe nur, dass dieser Bau- und Mietpreisboom nicht weiter anhält, sonst können sich nur noch Laden- und Gastroketten halten und das wäre der Tod für jede Stadt, weil damit auch jeglicher Charme verloren geht.

WAS VERBINDET DICH DAMIT?

Alles, ich bin dort aufgewachsen!

WAS BEINHALTET FÜR DICH EIN GUTES FRÜHSTÜCK?

Für mich muss es frisch und regional sein, also am liebsten mit einem Ei von den eigenen Hühnern und Äpfel bzw. Gemüse aus dem eigenen Garten. Für eine gute Semmel, Brezen oder ein Brot muss man halt mal ein paar Kilometer fahren. Ich mag morgens gerne frisch gepressten Saft, Espresso aus der Siebträgermaschine oder Ingwertee mit frischer Zitrone und Honig (der ist übrigens gut für die Stimme). Es darf auch gerne mal ein Geräuchertes oder ein Fisch sein (am liebsten ein Hering oder eine Räucherforelle), eine Streichwurst (vom Metzger meines Vertrauens), frische Paprika oder auch ein Bircher Müsli mit Obstsalat. Aber nicht alles auf einmal. Diese riesigen Frühstücksbuffets in guten Hotels schätze ich zwar, sie rentieren sich aber bei mir nicht, da ich am Vormittag a) nicht viel essen kann und b) auch nicht zu viel durcheinander essen möchte. Davon werde ich nur müde oder verderbe mir den Magen. Ich esse lieber weniger und wechsle lieber jeden Tag die Geschmacksrichtung.

WAS MÖCHTEST DU DEN LESERN MIT AUF DEN WEG GEBEN?

Nehmt euch Zeit für die guten Dinge im Leben. Wenn etwas richtig gut ist (egal was, Essen, Trinken, ein Konzert, ein Gespräch, ein Buch oder einfach nur die Zeit mit einem lieben Menschen), kostet es aus, bleibt dabei und genießt es in vollen Zügen. Wenn etwas nur mittelmäßig oder schlecht ist, lasst es lieber und freut euch aufs nächste „gscheide“ Ma(h)l.

Moccabar

ESPRESSO-INDEX

Espresso: 2,20 €
(an der Bar 1,00 €)
Cappuccino: 3,20 €
Frühstück:
3,10 – 13,80 €

Die Moccabar befindet sich in unmittelbarer Nähe zur Goliathstraße. Nahezu jeder Tourist, der die schöne Domstadt besucht, nutzt die kleine Brückstraße auf dem Weg in die Innenstadt. Seit 2005 ist das kleine Café bereits angesiedelt. Im Sommer lockt der ansprechende Freisitz mit Blick auf die Steinerne Brücke, dem Tor zur Welt, im Winter genießt man im Inneren des ehemaligen „Ambrosius" eine kleine Auszeit. Morgens dient sie als Stammtisch der umliegenden Geschäftsleute, die sich hier vor Arbeitsbeginn bei einer lockeren Unterhaltung stärken, abends gilt sie als entspannter Treffpunkt, um den Tag ausklingen zu lassen. Mittlerweile betreibt Isak Hajzeraj das gemütliche Lokal mit der mediterranen Küche. Jeder, der die Moccabar betritt, trifft eigentlich so gut wie immer auf ihn. Mit seiner verbindlichen und sympathischen Art

Inhaber
Isak Hajzeraj

Kontakt
Brückstraße 5
93047 Regensburg
09 41 / 5 86 55 27
moccabar@icloud.com
www.moccabar-regensburg.de

Öffnungszeiten
Mo – Fr 08.00 – 1.00 Uhr
Sa / So / feiertags
09.00 – 1.00 Uhr

Frühstückszeiten
Mo – Sa bis 12.00 Uhr
So / feiertags bis 15.00 Uhr

UNSER TIPP

Probieren Sie doch einmal den „Lausbub". Hier dürfen Sie sich zum Preis von 13,80 € (ohne Heißgetränk) auf ein großzügiges Holzbrett mit Obazdn, Radieserl-Frischkäse, ein weichgekochtes Bio-Ei, Land- und Wachholderschinken, Leberpastete, aufgeschnittene Essiggurken, Schnittkäse, hausgemachte Marmelade, Butter und einen gemischten Brotkorb mit Brezen freuen. Und Sie werden satt und glücklich das Lokal verlassen. Garantiert!

Das günstigste Frühstück
„mocca express" (Baguette, Butter, hausgemachte Marmelade und Honig) 3,10 €

Das teuerste Frühstück
„Lausbub" (Obazda, Radieserl-Frischkäse, 1 weichgekochtes Bio-Ei, Land- und Wacholderschinken, Leberpastete, aufgeschnittene Essiggurken, Schnittkäse, hausgemachte Marmelade, Butter und Brotkorb mit Brezen) 13,80 €

Räumlichkeiten
Lokal: 60 Plätze
Freisitz: 24 Plätze

Brot
Französisches Baguette, Vollkornbaguette, Donautaler (ungewürzt), Dinkel-Vollkornbrot

Bäcker
Schifferl

Sonstige Speisen
Rühr- und Spiegeleier, Omelett, Toast, Panini & Tramezzini, Suppen, asiatische Speisen, wechselndes Mittagsgericht, Salate, selbstgemachte Dips, hausgemachte Kuchen & Torten, Eis

Sonstiges
große Auswahl an Zeitungen

verleiht er dem kleinen Café ein konstantes Gesicht. Wer sich für einen Besuch hier entscheidet, kann sich auf selbstgemachte Marmeladen, hausgemachte Kräuterdips und Kuchen freuen. Die Frühstücksauswahl ist vielfältig: Hier dominieren regionale Produkte, verschiedenste Brotsorten von der umliegenden Bäckerei Schifferl (sogar Brezen) und viele frische Zutaten, die sich in liebevollen Arrangements auf der umfangreichen Karte wiederfinden.

FAZIT

Die Moccabar eignet sich hervorragend für einen Urlaubstag in der eigenen Stadt. Die umfangreiche Karte bietet schmackhafte Frühstücksvariatio-

LIEBLINGSFRÜHSTÜCK

Isak bevorzugt die klassisch französische Variante mit Croissant und Kaffee.

nen, die sich vom üblich wiederkehrenden Angebot erfreulich abheben. Sonderwünsche werden im Nu umgesetzt und man merkt sofort, dass jedes Frühstück frisch und liebevoll für den Gast zubereitet wurde. Wenn die Zeit für ein ausgiebiges Frühstück nicht reicht, erhalten Sie einen Espresso an der Bar übrigens bereits zum unschlagbaren Preis von 1,00 €!

BESONDERHEITEN

· regionale Zutaten · selbst zusammenstellbar · hausgemachte Marmeladen · Frühstück an allen Öffnungstagen verfügbar · kinderfreundlich · W-LAN ·

Moritz

MORITZ
CAFEBAR

ESPRESSO-INDEX

Espresso: 1,80 €
Cappuccino: 2,90 €
Frühstück:
2,90 – 9,90 €

Taucht man von der Gesandtenstraße oder vom Neupfarrplatz kommend in die Untere Bachgasse mit ihren reizvollen Lokalen und Geschäften ein, so findet sich ein wunderbarer Platz für ein gemütliches Frühstück im beliebten Café Moritz. Das gotische Kreuzgewölbe des Cafés gehörte einst zu dem Anwesen der Patrizierfamilie Kastenmeier und reichte in diesen Zeiten bis zum „Goldenen Turm" in der Wahlenstraße. Vom Moritz aus lässt sich, egal ob von innen oder dem großzügigen Freisitz aus, das Treiben der Stadt beobachten oder in den zahlreichen Illustrierten und Zeitungen blättern. Hier sind Sie zu jeder Ta-

UNSER TIPP

Das „Frühstück für Zwei mit Prosecco" können wir allen Stadtbummlern ans Herz legen. Mit Tomate-Mozzarella-Spießchen, frischen Früchten, Parma- und Wacholderschinken, Räucherlachs, Rohkostschälchen, Nutella, Marmelade, Honig und ausgewählten Käsesorten auf einer sehr ansprechenden Etagere präsentiert, lässt es sich aushalten. Mit 19,90 € inklusive Prosecco (ohne Heiß getränk) wird auch dieser Genuss zum Schnäppchen, das Sie sich nicht entgehen lassen sollten. Das Preis-Leistungsverhältnis stimmt auch bei der vegetarischen Variante.

geszeit „richtig". Seine gastronomische Geschichte geht weit zurück bis in die 1970er Jahre. Aus der „Luna Lunch Bar" wurde es zum „Fleischmanns"

Inhaber
Luan Reichl

Kontakt
Untere Bachgasse 15
93047 Regensburg
09 41 / 5 99 88 40
info@moritzcafe.de
www.cafemoritz.com

Öffnungszeiten
Sommer
Mo – Sa 7.30 – 1.00 Uhr

Winter
Mo – Sa 8.30 – 1.00 Uhr

ganzjährig
So / feiertags 9.00 – 1.00 Uhr

Frühstückszeiten
Mo–Sa bis 14.00 Uhr
So / feiertags bis 13.00 Uhr

Räumlichkeiten
Lokal: 50 Plätze
Freisitz: 40 Plätze

Brot
Vollkornbrot, Baguette, Croissant, Bauernbrot, Brezen

Bäcker
Ebner

Sonstige Speisen
Suppen, Salate, italienische Snacks und asiatische Küche

Sonstiges
Italienischer Kaffee, Kaffeespezialitäten auch laktosefrei oder mit Sojamilch, große Auswahl an Zeitungen und Illustrierten

Das günstigste Frühstück
„Express" (Baguette, Marmelade, Honig, Butter) 2,90 €

Das teuerste Frühstück
„Mare" (gemischter Brotkorb, Butter, geräucherte Forelle, Gambasalat, Sahnemeerrettich, Dill und Zitrone) 9,90 €

und anschließend war hier sogar mal das „Orkan", bis es schließlich zum „Moritz" wurde, nach dem Namen des Sohns des damaligen Besitzers Manfred Thoma. Luan Reichel, ein erfahrener Gastronom und Wahlregensburger, hat das Moritz 2012 übernommen und führt die Tradition des Lokals mit der angenehm entspannten Atmosphäre weiter. Die Karte bietet auch für ein leckeres Essen oder einen kalten bzw. warmen Imbiss eine schöne internationale Auswahl. Eine Vitrine mit verführerischer hausgemachter Kuchenauswahl lädt auch zum Kaffee oder Nachmittagstee ein.

FAZIT

Das Moritz ist immer eine gute Adresse für den Start oder den Einkehrschwung beim Bummel

durch Regensburgs pittoreske Gassen und italienisch anmutende Plätze. Nehmen Sie sich die Zeit zum Verweilen und wenn es nicht für ein Frühstück reicht, dann zumindest für eines der vielen klangvollen Heißgetränke – wie den Vanilla Chai Latte. Gerne bekommen Sie hier auch Kaffeespezialitäten koffeinfrei, laktosefrei oder mit Sojamilch.

BESONDERHEITEN

· regionale Zutaten · selbst zusammenstellbar · · hausgemachte Marmeladen · · Frühstück an allen Öffnungstagen verfügbar · · kinderfreundlich · W-LAN · Reservierung erforderlich (Wochenende)

LIEBLINGSFRÜHSTÜCK

Luan selbst ist nicht der große Frühstücker. Aber auf seinen morgendlichen Kaffee legt er großen Wert.

Museumscafé

MuseumsCafé

ESPRESSO-INDEX

Espresso: 1,90 €
Cappuccino: 2,90 €
Frühstück:
4,00 – 14,90 € *inkl.*

Mitten im Zentrum und in unmittelbarer Nähe zum Parkhaus am Dachauplatz befindet sich das Museumscafé. Der Eingang ist über das Historische Museum erreichbar und entführt den Besucher in ein wahres Kleinod. Der zauberhafte Innenhof mit Rosengarten bietet einen herrlichen Blick auf die Minoritenkirche, die älteste Bettelordenskirche der Region, die von den Anfängen der Franziskaner im Jahre 1221 erzählt. Mit einem Händchen für viele nette Details und voller Herzblut sorgt Inhaberin Alex Stein mit ihrem Team inzwischen seit 2014 für das Wohl ihrer Gäste. Bevor sie das

Museumscafé übernahm, hatte sie sich bereits mit ihrer Firma „EVENTdelight" im Cateringbereich einen Namen gemacht. Das Lokal versprüht durch seine Individualität einen ganz eigenen Charme und erfährt immer wieder eine spannende Auffrischung. Vereinzelte Sofaecken laden zum Entspannen ein und jeder Platz des historischen Cafés wird optimal genutzt. Die kleine Küche hat einiges in petto und bringt süße bis herzhafte Frühstückarrangements zum Vorschein, die liebevoll auf selbst gebauten Etageren angerichtet werden. Aber nicht nur zum Frühstücken sollten Sie das Museumscafé fest einplanen: In regel-

Inhaber
Alexandra Stein

Kontakt
Dachauplatz 2-4
93047 Regensburg
09 41 / 5 67 62 76
info@cafe-im-museum.de
www.cafe-im-museum.de

Öffnungszeiten
Mo–So 9.00–18.00 Uhr

Frühstückszeiten
bis 14.00 Uhr

UNSER TIPP

Das „Colazione Borghese" bietet für 12,80 € inkl. Heißgetränk nach Wahl alles, was das Frühstücksherz begehrt. Hier tummeln sich Parmaschinken, Salami Milano, Mortadella Parmesan, Tomate-Mozzarella, Butter, Marmelade, Obst und Gemüse-Antipasti geschmackvoll auf einer ansprechend angerichteten Etagere.

Das günstigste Frühstück
„Museum mini" (Brotkorb mit Butter, Marmelade, Honig und Obst) *inkl.* ☕ 4,00 €

Das teuerste Frühstück
„Le grand Français" (1 Glas Prosecco, Butter, Honig, Marmelade, Camembert, 1 großes Stück Quiche Lorraine, Joghurt mit Müsli, Lachstatar, französische Salami, Croissant mit Brotkorb) *inkl.* ☕ 14,90 €

Räumlichkeiten
Lokal: 70 Plätze
Freisitz: 200 Plätze

Brot
Baguette, Brezen, Croissant

Sonstige Speisen
Hausgemachte Kuchen, wechselnde Mittagsangebote, Salate, Suppen

Sonstiges
Kann auch für Feierlichkeiten (Hochzeiten, Geburtstage etc.) gebucht werden.

mäßigen Abständen vereinen sich Kulinarik und Musik zu einer wunderbaren Komposition und finden ihren Auftrag in einem Konzert-Dinner. Aber Achtung, die Plätze sind heiß begehrt, besorgen Sie sich rechtzeitig eine Karte.

FAZIT

Das Museumscafé besticht nicht nur kulinarisch, sondern auch optisch mit vielen kleinen, liebevollen Details. Durch den wunderschönen Innenhof mit Garten ist es auch für diverse Feierlichkeiten

LIEBLINGSFRÜHSTÜCK

Alex gönnt sich gerne ein großes Stück warme Quiche Lorraine und ein frisches Croissant als süßen Abschluss.

sehr beliebt. Wegen der umfangreichen Renovierung des Museums war der Fortbestand des Cafés lange unklar. Wir und die langjährigen Gäste jedenfalls freuen uns, dass das Museumscafé zumindest bis 31.03.2021 definitiv fortbestehen wird.

BESONDERHEITEN

veganes Frühstücksangebot · · regionale Zutaten · ·

inklusive Heißgetränk · hausgemachte Marmeladen · ·

Frühstück an allen Öffnungstagen verfügbar · barrierefrei · kinderfreundlich · · Reservierung erforderlich

SUSANNE POINTINGER

***1970 IN REGENSBURG
LEHRERIN UND SÄNGERIN
WOHNT IN REGENSBURG**

Susanne Pointinger gehört zu den Gesichtern Regensburgs, wie die Feste, denen sie mit ihrer Musik den Schwung verleiht. Schon während des Studiums nahm sie Gesangsunterricht bei der New Yorker Sängerin Iliana Caradimas und lernte Gitarre und Klavier. Seit 1998 ist sie in verschiedenen Formationen aktiv: Mit einem deutschen „Chanson pur"-Programm lässt sie die Klassiker der goldenen Zeiten zusammen mit den Pianisten Bernd Meyer oder Elena Tomilova auferstehen, als Duo gemeinsam mit ihrem Mann Erwin als „pointSingers" oder mit seiner überregional bekannten Band „Erwin und die Heckflossen", besticht Susanne durch Vielseitigkeit.

FRÜHSTÜCK – DES MOG I

Aufgrund meiner Zöliakie muss ich glutenfrei essen, was sich beim Frühstücken auswärts noch immer schwierig gestaltet.

FRÜHSTÜCK – DES MOG I GAR NED

Marmelade, Nutella oder Leberwurst einzeln verpackt sind für mich ein „No-Go".

LIEBLINGS-FRÜHSTÜCKSLOKAL

Sonntags im Haus Heuport der Frühstücksbrunch – mit einem Gläschen Prosecco und dem wunderbaren Blick auf den Dom. Einfach schön!

„DER INPUT DIESER STADT BEREICHERT MEIN LEBEN UNGEMEIN.“

WARUM BEGEISTERT DICH REGENSBURG?

Durch meine Arbeit und meine Musik habe ich das unglaubliche Glück, viele interessante und kreative Persönlichkeiten kennenzulernen und damit ist Regensburg gesegnet. Dieser Input bereichert mein Leben ungemein und sorgt permanent für schöne Überraschungen. Es ist ein Privileg hier zu leben.

WAS VERBINDET DICH DAMIT?

Nach dem Abitur am Albrecht-Altdorfer-Gymnasium studierte ich an der Regensburger Uni Lehramt für Hauptschule und arbeite hier seit Jahren an Schulen. Ich bin sehr glücklich darüber, dass ich in dieser wunderbaren Stadt Regensburg geboren und aufgewachsen bin, dass ich hier lebe und arbeite. Regensburg ist meine Heimat – da bin i dahoam!

WAS BEINHALTET FÜR DICH EIN GUTES FRÜHSTÜCK?

Es geht nichts über einen frischgebrühten Filterkaffee – weiß und süß . . . der darf in keinem Fall fehlen. Wenn es die Zeit erlaubt, bereite ich mir ein leckeres Rührei mit Zwiebeln und Mozzarella zu. Geräucherter Lachs, Frischkäse und selbstgebackenes glutenfreies Brot machen mein Frühstück perfekt.

WAS MÖCHTEST DU DEN LESERN MIT AUF DEN WEG GEBEN?

Besucht die Regensburger Altstadt und genießt das unverwechselbare Flair der nördlichsten Stadt Italiens. Setzt euch in die Cafés und beobachtet in aller Ruhe das geschäftige Treiben unserer Stadt. Viel Vergnügen!

Neue Filmbühne

NEUE FILMBÜHNE BISMARCKPLATZ

ESPRESSO-INDEX

Espresso: 1,80 €
Cappuccino: 2,70 €
Frühstück:
3,40 – 10,50 €

Direkt an einem der schönsten Plätze Regensburgs gelegen bietet die Neue Filmbühne – ob zum ersten Kaffee oder zum letzten Absacker – einen Logenplatz mit Blick über die herrlichen Wasserspiele am Bismarckplatz hinunter zum Stadttheater. Nicht nur den Freunden der klassizistischen Architektur geht hier das Herz auf – besonders beliebt ist der gesamte Platz auch bei allen Studenten und jedem, der eine legere Atmosphäre in historischer Kulisse zu schätzen weiß. Besonders empfehlenswert ist hier auch das Frühstücksangebot, zumal das Parkhaus unter dem Platz für einen kurzen

Weg zum Lokal sorgt. Bereits seit 1982 war das Regensburger Gastronomiegespann Karin Griesbeck und Johann Schlegl, von allen Che genannt, in der Engelburgergasse mit der „Filmbühne" im Souterrain eine Institution. Die wilden Punkzeiten

Inhaber
Johann Schlegl
und Karin Griesbeck

Kontakt
Bismarckplatz 9
93047 Regensburg
09 41 / 5 70 37
kontakt@neue-filmbühne.com
www.neue-filmbühne.com

Öffnungszeiten
täglich von 9.00 – 2.00 Uhr

Frühstückszeiten
bis 15.00 Uhr

UNSER TIPP

Nominiert wurde von uns „Frühstück bei Tiffany" – an diesem Klassiker kommt man nicht vorbei. Der zarte Charme wurde unterstrichen von Taleggio, Brie, Emmentaler, Feigensenf, Mozzarella-Tomaten-Basilikum-Spießchen, Antipasti (Zucchini, Aubergine, Paprika) ein Gläschen Obstsalat, Rohkost-Streifen, hausgemachte Kräutercreme, Butter, Honig, Marmelade, Brotkorb und einem Glas frischem O-Saft für 10,50 € – wie sagte Audrey Hepburn in diesem Filmklassiker: „Wenn ich selbst weiß, was ich will, dann werde ich es dir sagen!" Hier würde sie es sicher wissen!

Räumlichkeiten
Lokal: 65 Plätze
Freisitz: 120 Plätze

Brot
Vollkornbrot, Baguette, Croissant, Brezen

Bäcker
Dorfbackhaus

Sonstige Speisen
Zahlreiche Salate, Baguettes und eine verlockende Auswahl an kurdischen Tellern mit verschiedenen Fleischvariationen oder auch vegetarisch und kleine x-tras für Kids machen das Lokal zu einem Blockbuster für die ganze Familie.

Das günstigste Frühstück
„Jules und Jim" (Croissant mit Butter und Marmelade) 3,40 €

Das teuerste Frühstück
„Wenn der Postmann 1 x klingelt" (Taleggio, Brie, Emmentaler, Blauschimmelkäse, Serranoschinken, Melone, Wacholderschinken, Salami, Frühstücksei, hausgemachte Kräutercreme, Obstsalat, Rohkostsalat, Butter, Honig, Marmelade, Brotkorb, 1 Glas frischer O-Saft) 10,50 €

in den Kellerräumen haben sicher so manche Regensburger noch gut im Gedächtnis. Seit 1991 bietet das sympathische Powerduo Schlegl/Griesbeck ihrem bunt gemischten Publikum nun am Bismarckplatz – im vormaligen „Fiasko" des ehemaligen Kochs und Stewart des Fürsten Thurn & Taxis – ein hollywoodreifes Programm. Entsprechend liest sich die illustre Frühstückskarte: Von „Irgendwie und Sowieso" bis „Grüne Tomaten" und „Miss Marple" ist hier so mancher Filmklassiker mit leckeren Zutaten würdig vertreten.

FAZIT

Das Ambiente im gemütlichen Innenbereich hat genau diese mondäne und künstlerische Note und macht den Aufenthalt in der Neuen Filmbühne auch bei schlechtem Wetter zu einem echten

LIEBLINGSFRÜHSTÜCK

Che hält es mit den Cowboys und bevorzugt Rührei und frischen Lachs. Karin dagegen braucht ein kräftiges Müsli als „Starter".

Highlight. Egal, ob Sie vom Feiern in der letzten Nacht einen Hangover haben oder es gerne heiß mögen – die Filmbühne bietet für jeden einen herrlichen Platz für seinen ganz persönlichen Klassiker. Das Personal ist flink und freundlich und das Frühstück verdient einen roten Teppich. Gönnen Sie sich dieses besondere Event – denn sie wissen, was sie tun!

BESONDERHEITEN

veganes Frühstücksangebot · · regionale Zutaten · · · · Brotmenge unbegrenzt · Frühstück an allen Öffnungstagen verfügbar · barrierefrei · kinderfreundlich · W-LAN · Reservierung erforderlich (Wochenende)

Orphée

ESPRESSO-INDEX

Espresso: 1,80 €
Cappuccino: 3,40 €
Frühstück:
4,00 – 16,20 €

Das Orphée könnte man zurecht als Grande Dame des Frühstücks bezeichnen, denn das französischste Lokal östlich des Rheins gibt den Pulsschlag für ein ganz außergewöhnliches Lebensgefühl vor. Mitten in der Bachgasse gelegen, bietet es unaufgeregt, völlig unberührt von jeglichen Trends, nicht nur den Übernachtungsgästen des gleichnamigen Hotels, sondern auch alteingesessenen Regensburgern und bekannten Gesichtern einen einzigartigen Platz zum Speisen und Verweilen. Gemütliche rote Samtsessel, kleine Tische, eine althergebrachte Wandvertäfelung und viele Fotografien von einstigen Besuchern sowie spezielle Kunstwerke, alles zusammengetragen aus den verschiedensten Ecken der Welt, sorgen für das besondere „Orphée-Gefühl", sobald man das Restaurant betritt. Um die Jahrhundertwende beherbergten die Räumlichkeiten noch eine Brauereigaststätte der alten Regensburger Brauerei Bolland. Im Jahre 1977 konnte eine kleine Gruppe von Kneipiers die Brauerei Thurn und Taxis davon überzeugen, dass man diesen

Inhaber
Namenlos GmbH
Cornelius Färber, Michael Laib, Johanna Rudolph, Reinhard Wagner

Kontakt
Untere Bachgasse 8
93047 Regensburg
09 41 / 5 29 77
restaurant@hotel-orphee.de
www.hotel-orphee.de

Öffnungszeiten
Mo–So 8.00–1.00 Uhr

Frühstückszeiten
bis 15.00 Uhr

UNSER TIPP

Frühstück im Orphée = de luxe! Deshalb sollten Sie sich das gleichnamige Frühstück für 2 Personen nicht entgehen lassen. Auf einer Etagere angerichtet werden Konfitüre, Joghurt, Müsli, Frittata, kalter Braten, italienischer Schinken, italienische Salami, Brie, Ziegenkäse, Quiche, Krabben, Lachstartar, Früchte, Schokoladentarte – zum Preis von 25,40 €. Wir garantieren Ihnen, dass bei diesem Frühstück für jeden Geschmack etwas dabei ist.

Das günstigste Frühstück
„Petit" (Baguette mit Butter und Konfitüre) 4,00 €

Das teuerste Frühstück
„Marseille" (Gebeizter Lachs, Räucherfischrelish, Krabben, Spinatfrittata, Butter und Brotkorb) 16,20 €

Räumlichkeiten
Lokal: 120 Plätze
Freisitz: 60 Plätze

Brot
Baguette, Vollkornbaguette

Sonstige Speisen
Wechselnde Mittagsgerichte, ausgezeichnete französische Küche – selbstverständlich auch am Abend

Sonstiges
Restaurant mit angegliedertem Hotel, ebenfalls zugehörig: Bodega gleich hinter dem Hotel Orphée, kleines Haus in der Wahlenstraße und Hotel im Andreasstadel
Einen Espresso erhalten Sie direkt an der Bar übrigens bereits für 1 €!

Räumen zwingend neues Leben einhauchen muss. Damit war die Namenlos GmbH geboren und das heutige Team, das sich rund um Neli Färber, Michael Laib, Johanna Rudolph und Reinhard Wagner gefunden hat, ist bereits seit Jahren eines: absolut konstant! Insgesamt 60 Mitarbeiter geben dem bunten Treiben, im Restaurant und im Hotel, ein Gesicht und sorgen dafür, dass man als Gast „ankommt". Und das wissen auch bekannte Persönlichkeiten zu schätzen, die ihren Aufenthalt in Regensburg verbringen und immer wieder gerne hier logieren.

LIEBLINGSFRÜHSTÜCK

Neli – natürlich selbst Liebhaber frankophiler Speisen – bevorzugt französische Croissants und Café au lait zum Frühstück.

FAZIT

Das erste Mal im Orphée fühlt sich an wie der erste Kuss – ein Moment, den man nie vergisst. Und wir sind der Meinung, dass man schöne Dinge auch nie vergessen sollte. Am besten ist es jedoch, man frischt sie immer wieder auf. Wir jedenfalls legen Ihnen einen regelmäßigen Besuch wärmstens ans Herz – nicht nur zum Frühstücken.

BESONDERHEITEN

veganes Frühstücksangebot · · regionale Zutaten · · · ·

Brotmenge unbegrenzt · Frühstück an allen Öffnungstagen verfügbar · · kinderfreundlich · W-LAN · Reservierung erforderlich (am Wochenende nicht möglich)

Gewürze und Küchenkräuter
Bärlauch, Bohnenkraut, Coriander,
Estragon, Fenchel, Kerbel, Knoblauch,
Minze, Oregano, Petersilie, Rosmarin,
Arrabiata, Aglio-Olio-Peperoncino, Curry
Baharat, Dukkah, Bruschetta, Gyros

„WENN ICH MEIN LEBEN NOCH EINMAL LEBEN KÖNNTE, WÜRDE ICH DIE GLEICHEN FEHLER MACHEN. ABER EIN BISSCHEN FRÜHER, DAMIT ICH MEHR DAVON HABE.“

MARLENE DIETRICH

SUSI RAITH

***1976 IN RODING**
MUSIKERIN
WOHNT IN LEHEN BEI BERNHARDSWALD

Schon als kleines Kind stand Susi Raith gemeinsam mit Schwester und Mutter auf der Bühne, bevor sie 2003 unter dem Namen „Raith-Schwestern" mit Tanja und „Blaimer" zusammen ihr Programm startete. Sie reist für ihr Leben gerne und lebt inzwischen mit zwei Pferden, zwei Hunden und nicht zuletzt Ehemann und Musiker „Gurke" (Jochen Goricnik) absolut idyllisch mit Vier- und Zweibein auf dem Land. Ab und zu findet man sie auch noch hinter der Theke im Regensburger Café Drei Mohren.

FRÜHSTÜCK – DES MOG I

Regional und bio. Alles, was frisch und nah (z. B. auch im eigenen Gemüsehochbeet) wächst.

FRÜHSTÜCK – DES MOG I GAR NED

Abgepackte Wurst oder Garnelen und Krabben. Das ist mir dann fürs Frühstück doch „zu früh".

LIEBLINGS-FRÜHSTÜCKSLOKAL

Café Lila

„IM GRUNDE GENOMMEN IST REGENSBURG EIN WUNDERSCHÖNES DORF.“

WARUM BEGEISTERT DICH REGENSBURG?

Letzen Endes ist es so, dass Regensburg immer aus den gleichen tollen Menschen besteht. Die Stadt verfügt über einen eingeschworenen Kreis und die Musikerszene verbindet. Und man trifft auch immer auf die gleichen Menschen oder den gleichen Menschenschlag, mit dem man sich wohl und verbunden fühlt. Im Grunde genommen ist auch Regensburg ein wunderschönes Dorf, an dem die Bewohner nur etwas weiter verstreut wohnen – und auch das macht eben „Hoamat“ aus.

WAS VERBINDET DICH DAMIT?

Ich bin mit 17 Jahren hergezogen und habe hier meine Ausbildung zur Erzieherin gemacht, anschließend habe ich als Kindergartenleitung in Schorndorf gearbeitet. Nach einigen Jahren bin ich dann doch wieder mitten in die Altstadt gezogen und habe die BOS absolviert. Eigentlich wollte ich ja studieren, aber dann ist mir das mit den Raith-Schwestern quasi dazwischengekommen und so hat die Musik doch gesiegt. Meine Pferdeleidenschaft hat mich später wieder aufs Land geführt, weil sich Pferde irgendwie doch nicht so leicht in der Wohnung halten lassen (lacht).

WAS BEINHALTET FÜR DICH EIN GUTES FRÜHSTÜCK?

So richtig Zeit zum Frühstücken haben Gurke und ich am Wochenende. Dann gibt's am spaten Vormittag oder Mittag ein richtig schönes Frühstück! Bei uns hält samstags tatsächlich immer ein Brotwagen von der Bäckerei Soller in der Straße, der hat einfach tolle Sachen. Jede Woche bringt uns die Jeannette frische Eier von ihren Hühnern, was dazu führt, dass mein Mann inzwischen keine anderen Eier mehr isst, wenn er berufsbedingt irgendwo in einem Hotel frühstücken muss. Vom Weigert-Metzger gibt es dann natürlich auch noch frischen Schinken und ich als „Süße“ brauche dann zum Abschluss irgendetwas mit Marmelade – oder einen Vanillejoghurt mit Banane und Müsli.

WAS MÖCHTEST DU DEN LESERN MIT AUF DEN WEG GEBEN?

Fördert Menschen, die etwas bewegen möchten! Regensburg hat allgemein eine tolle Subkultur, die jeder Einzelne unterstützen sollte und die erhalten bleiben muss.

Palletti

Palletti
BAR

ESPRESSO-INDEX

Espresso: 1,80 €
Cappuccino: 2,70 €
Frühstück:
5,30 – 8,70 €

Das Palletti kann man zurecht als Institution bezeichnen. Seit 1985 ist das Lokal ein konstanter Bestandteil der Pustetpassage. 2010 übernahm Tobias Nerb, besser bekannt als Tobi, gemeinsam mit Rainer Festl und Anton Stadler die alteingesessene Bar, die in ihren Ursprungszeiten zur Namenlos GmbH gehörte. Sie ist nach der Cafébar die älteste Bar der Stadt und immer noch der Treffpunkt für Menschen, die sich unaufgeregt unterhalten, tagsüber gut essen oder entspannt den Abend verbringen möchten. Innerhalb der vergangenen Jahre gelang es dem Trio, dem Stammlokal vieler Regensburger, die

UNSER TIPP

Das Standard-Frühstück mit Serranoschinken, Fenchelsalami, scharfer Salami, Coppa, Südtiroler Speck, hausgemachter Kalbsleber-Paté, Brie, Bergblumenkäse, Reblochon, Pecorino, Melone, Weintrauben, Butter, hausgemachter Marmelade, frisch gepresstem O-Saft und einem Brotkorb für unschlagbare 8,70 € (ohne Heißgetränk) ist in seiner Ausführung so reichlich, dass eigentlich zwei Esser davon satt werden. Sowohl die Aufmachung als auch der Geschmack können sich wirklich sehen lassen! Wer es etwas kleiner mag und sein Frühstück nicht teilen will, kann die kleine Variante für 5,30 € (ohne Heißgetränk) bestellen.

sich per se ja ungern an Veränderungen gewöhnen, doch an der ein oder anderen Stelle sehr frischen Wind einzuhauchen. Das Palletti ist so wandlungsfähig wie sein Team und die Menschen, die es besuchen. Platz hat hier nicht nur ein DJ oder eine Live-Band, sondern ebenso – wenn es der Anlass gebietet – eine traditionelle Blaskapelle wie die Kapelle Josef Menzl beim in-

Inhaber
Palletti Bar GbR
Rainer Festl, Tobias Nerb,
Anton Stadler

Kontakt
Pustetpassage
Gesandtenstraße
93047 Regensburg
09 41 / 5 15 93
mail@palletti-bar.de
www.palletti-bar.de

Öffnungszeiten
Mo – Sa 8.00 – 2.00 Uhr
So 13.00 – 1.00 Uhr

Frühstückszeiten
Mo – Fr bis 12 Uhr
Sa bis 14 Uhr
So kein Frühstück

Räumlichkeiten

Lokal: 40 Plätze
Freisitz: 60 Plätze

Brot

Toskanabrot, Vollkornbrot

Bäcker

Schwarzer

Sonstige Speisen

täglich wechselnde Mittagsgerichte, selbstgemachte Kuchen (Gerda / Mona), Croissants, Brezen, Blätterteigtaschen u.v.m.; Special am Mittwochabend: Rainer kocht – und das sollte man sich nicht entgehen lassen.

zwischen legendären Weißwurschtfrühstück, das einmal im Jahr immer am ersten Samstag im Mai stattfindet. Darüber hinaus hat sich das Palletti inzwischen auch in der Barszene einen Namen gemacht. So hat auch das renommierte Gourmet- und Weinmagazin „Falstaff" inzwischen großen Gefallen an der Regensburger Bar gefunden und bereits darüber berichtet. Tobi Nerb, ein echter Bartender, legt großen Wert auf die Qualität dessen, was später im Glas des Gastes landet. Die Bar überrascht immer wieder mit neuen Kreationen, ohne dabei Bestehendes und Bewährtes zu vernachlässigen. Die große Fensterfront bietet den besten Blick in die Pustetpassage. Mit seinen täglich wechselnden Mittagsgerichten und vielseitigen Köchen kann man sich als Gast sicher sein, dass Abwechslung auf dem Teller garantiert ist. Und dabei ist es in der Tat erstaunlich, was die kleine Küche hervorbringt. Den Mittwochabend

Das günstigste Frühstück

„Standard" in der Ausführung „klein" (Serranoschinken, Fenchelsalami, scharfe Salami, Coppa, Südtiroler Speck, hausgemachte Kalbsleber-Paté, Brie, Bergblumenkäse, Reblochon, Pecorino, Melone, Weintrauben, Butter, hausgemachte Marmelade und Brotkorb)

5,30 €

Das teuerste Frühstück

„Käse" in der Ausführung „normal" (großzügige Käseauswahl, u. a. Brie, Bergblumenkäse, Reblochon, Pecorino, Melone, Traube, Butter, hausgemachte Marmelade, Brotkorb und frisch gepresster Orangensaft)

8,70 €

sollte man sich übrigens vormerken – da kocht Chef Rainer persönlich. Und dann gibt es auch abends eine ganz besondere Küche!

FAZIT

Auch wenn die Frühstücksauswahl „nur" zwei Varianten, nämlich das Palletti „Standard" und das „Käse" bietet, sorgt die Auswahl für große Begeisterung. Das Frühstück überrascht absolut positiv! Samstags gibt's übrigens auf Wunsch zum Frühstück auch ein Ei. Sollten Sie das Palletti bislang nur im Abendlicht kennen, empfehlen wir Ihnen unbedingt einen Besuch bei Tag. Das „Wohnzimmer" vieler Regensburger kann nämlich auch Küche – und das außerordentlich gut! Frühstücken in einer Bar hat selten so gut geschmeckt wie im Palletti. Genießen Sie das bunte Treiben.

Sonstiges

Ein Großteil der Frühstückszutaten ist übrigens „echt italienisch" vom Il Mercato. Einmal im Jahr (erster Samstag im Mai) traditionelles Weißwurschtfrühstück mit der Kapelle Josef Menzl und Anton Fröhlichs legendären Weißwürschten, sonntags kein Frühstück.

BESONDERHEITEN

· regionale Zutaten ·
hausgemachte Marmeladen ·
Brotmenge unbegrenzt ·
· W-LAN ·

LIEBLINGSFRÜHSTÜCK

Rainer schwört daheim auf seinen Bialetti-Kaffee und ein vernünftiges Brot mit Marmelade.

Unter der Woche fällt das Frühstück meist flach, aber sonntags nimmt sich **Tobi** Zeit für seine Familie und freut sich auf seinen Earl Grey Tee, ein weichgekochtes Ei und tendenziell eher etwas Süßes auf seinem Brot oder Toast.

Parkside Canteen & Bar

PARKSIDE
CANTEEN & BAR

ESPRESSO-INDEX

Espresso: 1,70 €
Cappuccino: 2,60 €
Frühstück:
4,90 – 9,50 €

Direkt an der Prüfeninger Straße, nahe dem Kunstforum Ostdeutsche Galerie und doch eingebettet im grünen Stadtpark, ist die Parkside Canteen & Bar eines der coolsten Lokale der Stadt. Die puristische, zeitgenössische Architektur aus den 1960er Jahren gibt dem Haus den angesagten Retro-Look und ist einzigartig in der sonst so traditionellen Domstadt. Das Innenleben kommt modern mit Großstadtflair und doch gemütlich daher. Das Team um Alexander Deutsch ist ein versiertes Gastro-Gespann mit viel Erfahrung und mehreren Lokalen und Bars. Die Frohnatur Jürgen bringt zudem bayerische Gelas-

UNSER TIPP

Vive la France oder dolce vita – beide Frühstücksvarianten haben uns durch die Qualität beeindruckt und waren ein echter Genuss. Bei Italienisch Parkside für 9,50 € war das hausgemachte italienische Olivenpesto ein Gedicht. Prosciutto cotto & crudo, Pecorino, Provolone, Tomate-Mozzarella, Oliven-Tapenade, Trauben und Melone ließen vom Süden träumen. Das Fünf-Minuten-Ei, Marmelade, Honig, Brötchen und Butter machten den kulinarischen Urlaub zum gelungenen Frühstück. Die Produkte stammen aus dem „Il Mercato" – dem Spezialisten in Regensburg für mediterrane Produkte, das spricht für sich. Dazu haben wir das frisch zubereitete Ingwer- und Minzwasser genossen – einfach köstlich!

senheit und positive Stimmung mit: „Ich war oft genug im Einsatz auf der Dult, im Bierzelt, da haut einen so schnell nichts mehr um", lacht der Oberpfälzer. Die moderne, feine Canteen für die

Inhaber
Alexander Deutsch

Kontakt
Prüfeninger Str. 20
93049 Regensburg
09 41 / 99 22 81 15
info@parkside-canteen-bar.de
www.parkside-canteen-bar.de

Öffnungszeiten
Mo–Fr 9.30–15.00 Uhr

Frühstückszeiten
bis 11.30 Uhr

Ruhetag
Sa / So

Das günstigste Frühstück
„Französisch Petit“ (Marmelade, Honig, Nusscreme, Croissants, Brötchen und Butter) 4,90 €

Das teuerste Frühstück
„Französisch Grande“ (Quiche Lorraine, marinierter Ziegenkäse, Fenchel-Salami, gekochter Schinken, Crêpes mit Nougat, Marmelade, Honig, 5-Minuten-Ei, Croissant, Brötchen und Butter) 9,50 €

Räumlichkeiten
Lokal: 60 Plätze
Freisitz: 60 Plätze

Brot
Vollkornbrot, Baguette, Croissant, Brezen

Bäcker
Ebner

Sonstige Speisen
Internationale, junge Karte mit guter Auswahl an Salaten, Quesadillas und Flammkuchen

Sonstiges
Kaffee: Ziffer (italienische Spezialmarke); Room with a view – die denkmalgeschützten Räume im ersten Stock, aus den 1960/70er Jahren, sind für Gesellschaften und Feste zu mieten und bieten durch die großen Fensterfronten ein Gefühl wie auf einem Freisitz im Grünen, nachts wirkt die illuminierte Parkanlage als beeindruckende Kulisse.

angrenzenden Firmen hat er gut im Griff. Die Küche bietet einen breiten Fächer an kulinarischem Angebot auf einer wechselnden Wochenkarte. Von Leberkäs- und Schnitzelsemmel bis zur gegrillten Fischspezialität. Die Parkside Canteen & Bar überrascht mit einem entspannten Plätzchen – innen wie außen – und einem überzeugenden Frühstücksangebot. Für jeden Gaumen ist hier etwas auf der Karte zu finden. Was hier aufgetragen wird, kann sich sehen lassen und ist vom Feinsten.

FAZIT

Wer gerne etwas abseits vom Treiben der Stadt sitzt oder wem Park- und Parkplatznähe wichtig

BESONDERHEITEN

veganes Frühstücksangebot · · regionale Zutaten · selbst zusammenstellbar · · · ·

Frühstück an allen Öffnungstagen verfügbar · barrierefrei · kinderfreundlich · W-LAN ·

sind, der findet hier eine entspannte Location mit kulinarischem Wow-Effekt. Dank der klar und großzügig geschnittenen Architektur ist das Lokal auch bequem mit dem Rollstuhl zu besuchen. Auch der Kinderwagen eckt hier nicht an. Die Parkside Canteen & Bar ist in jedem Fall eine Empfehlung.

LIEBLINGSFRÜHSTÜCK

Jürgen Fritsch ist das sympathische, freundliche Gesicht im Parkside. Er liebt sein Frühstück morgens italienisch mit Prosciutto, Pecorino und Tomate-Mozzarella.

Rinaldi

caffé Rinaldi

ESPRESSO-INDEX

Espresso: 2,10 €
Cappuccino: 3,40 €
Frühstück:
5,20 – 16,50 € inkl.

Mit Fug und Recht kann man sagen, dass das Rinaldi die Regensburger Frühstückskultur in den vergangenen Jahren entscheidend geprägt und in besonderem Maße beeinflusst hat. Michele Rinaldi, Namensgeber und Inhaber des kleinen Lokals am Alten Kornmarkt, versprüht jede Menge Herzblut und italienischen Charme, den auch der Gast positiv und unmittelbar zu spüren bekommt. Sein Team ist auf Zack und das Rinaldi steht für konstante, hohe Qualität. Gerade zur klassischen Frühstückszeit sind freie Plätze deswegen rar gesät, deshalb empfiehlt es sich, rechtzeitig zu reservieren.

UNSER TIPP

Wir gestehen, wir haben unser Herz an das pochierte Ei namens „La Mediterranea Uova in Camicia" verloren. Auf Italienisch bedeutet das übrigens „Ei im Hemd". Im Rinaldi wird es mit Käse, Trüffelcreme, auf geröstetem Brot und Rucola, dazu Bruschetta, Coppa Salami, Grana Padano und mit Hummus für 16,50 € serviert. Einen Brotkorb und ein Heißgetränk gibt es natürlich dazu. Das Ei und der Trüffel ergänzen sich perfekt. Mehr Worte braucht es nicht, denn das müssen Sie einfach probieren!

Glücklich ist außerdem, wer im Sommer einen Platz auf dem Freisitz ergattert. Im Rinaldi werden Sie jedenfalls nicht merken, wie schnell die Zeit vergeht, denn hier kann man ohne schlechtes Gewissen, dafür voller Genuss, schon ein paar Stunden am Stück verbringen und sich verwöhnen lassen. Ähnlich wie im Hotel VIII versorgt Michele auch hier die Gäste des Elements-Hotels von nebenan mit seinem tollen Frühstücksangebot. Ein Segen, wer hier in doppelter Hinsicht residieren darf! Die Räumlichkeiten am Alten Kornmarkt verfügen außerdem über jede Menge Geschichte: Im späten 17. Jahrhundert befand

Inhaber
Michele Rinaldi

Kontakt
Altter Kornmarkt 3a
93047 Regensburg
09 41 / 5 99 39 57
ciao@caffe-rinaldi.de
www.caffe-rinaldi.de

Öffnungszeiten
Mo–Do 8.00–22.30 Uhr
Fr/Sa 8.00–24.00 Uhr
So / feiertags
9.00–18.00 Uhr

Frühstückszeiten
Mo–Fr bis 13.00 Uhr
Sa / So / feiertags
bis 14.00 Uhr

Das günstigste Frühstück
„La Sosta" (Croissant) inkl. ☕ 5,20 €

Das teuerste Frühstück
„La Fattoria" (Omelette mit Trüffel, Parmaschinken, Tomaten und Büffelmozzarella, frisch gepresster Apfel-Karotte-Ingwer-Saft, Brotkorb) inkl. ☕ 16,50 €

Räumlichkeiten
Lokal: 35 Plätze
Freisitz: 16 Plätze

Brot
Weizenbaguette, Vollkornbaguette, Croissant

Bäcker
Dorfbackhaus

Sonstige Speisen
Kaffee von Dinzler, das Rinaldi fungiert zugleich als Rezeption für das Hotel „Elements" nebenan.

Sonstiges
Mittagskarte, kleine Abendkarte, frische italienische Küche, Kuchen

sich dort nämlich ein Gewürzgeschäft. Bevor Michele das Lokal 2006 übernahm, wurden dort Reisen verkauft. Ein Umstand, der vielleicht auch heute noch das Gefühl der Gäste beflügelt, denn das Rinaldi entführt immerhin auf eine kulinarische Reise durch Italien. Auf die Karte kommen ehrliche Gerichte aus Apulien und nicht nur für das Auge, sondern auch für den Gaumen besonders attraktive Frühstücksangebote. Besonders Trüffelfans dürfen sich auf die ein oder andere Speise freuen, die damit verfeinert wird.

FAZIT

Das Rinaldi steht für eine gehobene, außergewöhnliche Frühstückskultur und bietet gemein-

BESONDERHEITEN

veganes Frühstücksangebot · · regionale Zutaten · · inklusive Heißgetränk · hausgemachte Marmeladen · · Frühstück an allen Öffnungstagen verfügbar · · kinderfreundlich · W-LAN · Reservierung erforderlich (Wochenende)

sam mit dem zugehörigen Barbarossa mittlerweile noch mehr herrlich-gemütlichen Raum in unserer Stadt für einen wohlschmeckenden Start in den Tag. Freuen Sie sich auf italienisches Flair, eine tolle Qualität und einen zuvorkommenden Service – mitten im Herzen der Altstadt. Damit Sie das unbeschwert genießen können, sollten Sie jedoch eines nicht vergessen: Ihre rechtzeitige Reservierung!

LIEBLINGSFRÜHSTÜCK

Micheles Favorit ist das Frühstück „La Mediterranea Uova in Camicia", also das pochierte Ei, deshalb steht es zufälligerweise auch seit kurzem auf der Karte. ;-)

HANNES RINGLSTETTER

***1970 IN MÜNCHEN**
KABARETTIST, MUSIKER, SCHAUSPIELER & MODERATOR
WOHNT IN MÜNCHEN UND IM LANDKREIS REGENSBURG

Hannes wuchs im niederbayerischen Alburg bei Straubing auf. Nach seinem Studium der Germanistik und Geschichte in Regensburg war er viele Jahre beim Regionalfernsehsender TVA als Moderator und später auf verschiedenen Theaterbühnen zu sehen. Heute kennt und liebt man ihn weit über die bayerischen Grenzen hinaus als Kabarettist oder Musiker mit seiner grandiosen Band. Seit 2016 begeistert er wöchentlich als Gastgeber in seiner Late-Night-Show „Ringlstetter" donnerstags die Zuschauer im BR, außerdem ist er nach wie vor als „Yazid" Teil der Serie „Hubert und Staller". 2019 ist er auch auf der Bühne mit seinem neuen Soloprogramm „Aufgrund von Gründen" in Deutschland und Österreich zu sehen.

FRÜHSTÜCK – DES MOG I

Kaffee. Kippe. Dusche. Wenn ich Zeit habe, dann gerne eine bunte Frühstücksmischung mit allem.

FRÜHSTÜCK – DES MOG I GAR NED

Ich bin ein großer Kämpfer gegen Blumen auf dem Teller. Diesen Dekowahn packe ich überhaupt nicht. Da kauf ich mir dann lieber eine Wurstsemmel.

LIEBLINGS-FRÜHSTÜCKSLOKAL

Orphée und Palletti

„IN MEINEM LIEBLINGS-LOKAL LASSE ICH DIE HEKTIK VOR DER TÜRE."

WARUM BEGEISTERT DICH REGENSBURG?

Ich fühle mich dort am wohlsten, wo es Wasser gibt. In Regensburg kann man phantastisch „herumwandeln" und ich gehe wahnsinnig gern an der Donau spazieren. Wenn ich samstags frei habe (was leider nicht oft vorkommt), kaufe ich total gerne auf dem kleinen Wochenmarkt am Bismarckplatz ein. Anschließend hole ich mir noch eine Süddeutsche und setze mich dann mit meinen Einkäufen in ein Café. In München ist so etwas verkehrsbedingt schon fast undenkbar.

WAS VERBINDET DICH DAMIT?

Regensburg war von 1990 bis 2006 meine Heimat. Hier habe ich studiert, meine ersten Gehversuche im Fernsehen gemacht, aber auch meine erste Band „Schinderhannes" gegründet. Seit 2010 habe ich zwei „Lebensorte" – München und am Land in Regensburg. Dort finde ich in dem ganzen Sendungswahnsinn meinen Ruhepol.

WAS BEINHALTET FÜR DICH EIN GUTES FRÜHSTÜCK?

Eigentlich bin ich ein echter Nachtmensch und stehe deshalb oft erst spät auf. Dann gibt es „Kaffee. Kippe. Dusche." und als erste Mahlzeit meist gleich eine Art Mittagessen. Frühstücken hat für mich aber mit Achtsamkeit und Wertschätzung zu tun, dafür sollte man sich Zeit nehmen. Ich kombiniere gerne meine Termine mit einem Frühstück in meinem Lieblingslokal, denn so lasse ich automatisch die Hektik vor der Tür. Grundsätzlich mag ich es eher herzhaft.

WAS MÖCHTEST DU DEN LESERN MIT AUF DEN WEG GEBEN?

Regensburg ist heute so besonders, weil bestimmte Menschen, wie z. B. auch Neli Färber vom Orphée, in der Vergangenheit sehr viel dafür getan haben. Die Gefahr ist, dass man alles als selbstverständlich hinnimmt und dabei vergisst, selbst seinen Teil beizutragen. Sprich, dass man entweder Dinge wertschätzt und honoriert oder sich selbst aktiv beteiligt. Deshalb: Macht die Augen auf und mischt euch ein! Entwickelt Ideen und seid offen, damit sich Regensburg auch in Zukunft weiterentwickelt.

CAFÉ · BAR · RESTAURANT

Rosarium

ESPRESSO-INDEX

Espresso: 2,20 €
Cappuccino: 3,20 €
Frühstück:
3,50 – 12,80 €

Einzigartig im ehemaligen Gartenpalais des Freiherrn von Dörnberg gelegen, lässt es sich hier fürstlich speisen. Nicht nur, weil der Erbauer einst Chef der fürstlichen Gesamtverwaltung des Hauses Thurn und Taxis war, vielmehr deswegen, weil seit 2015 der Küchenchef Georg Schröppel im Hause den mehrfach prämierten Kochlöffel schwingt. Kein Wunder, hat er doch bei Heinz Winkler gelernt und verschiedene Stationen in großen Häusern in Europa, wie beispielsweise bei Eduard Hitzberger, aber auch in Amerika bei Seeger und Keller absolviert. Danach hat Schröppel Asiens Küchen kennengelernt und in den bes-

UNSER TIPP

Wir haben das Frühstück „Deluxe für Zwei" für 28,90 € (ohne Heißgetränk) getestet und waren begeistert. Ausgewählte Käsesorten, Frischkäse, Putenschinken, erlesene Salami, Mortadella und Parmaschinken präsentieren sich auf der originellen Etagere und buhlen um Aufmerksamkeit gegen Räucherlachs, Tomate mit Büffelmozzarella und ausgesprochen köstlichem Rührei. Ein Joghurt mit frischem Obst gibt den gesunden Kick dazu. Gegen kleinen Aufpreis tauscht der Orangensaft auch mit Prosecco den Platz. Ein rundum gelungener Auftakt in ein schönes Wochenende!

ten Restaurants Asiens, wie dem Shangri-la Hotel im Oriental Mandarin als Executive Sous Chef und Executive Chef im Ritz Carlton in Kuala Lumpur gekocht. Schlussendlich war die Sehnsucht nach der Heimat doch zu groß und so fand er wieder den Weg zurück nach Bayern. Nun kommen die

Inhaber
Georg Schröppel

Kontakt
Hoppestraße 3a
93049 Regensburg
09 41 / 2 68 85
info@bistro-rosarium.de
www.bistro-rosarium.de

Öffnungszeiten
Mo – Sa 10.00 – 23.00 Uhr
So 10.00 – 18.00 Uhr

Frühstückszeiten
Mo – Fr bis 12.00 Uhr
Sa / So / feiertags
bis 14.00 Uhr

Räumlichkeiten
Lokal: 100 Plätze
Freisitz: 160 Plätze

Brot
Vollkornbrot, Baguette, Croissant, Brezen

Bäcker
Biendl und Weber

Sonstige Speisen
Klassisch international mit japanischen Verführungen „Reise um die Welt und in die Japanische Küche"

Sonstiges
Kaffee: Spezielle Rosarium-Mischung von Rehorik

Gäste des Rosarium in den Genuss seiner Künste. Auch beim Frühstück lässt er diese internationale Vielfalt einfließen und offeriert somit eine bunte, sehr hochwertige Palette. Die Liebe zum Essen und zum Kochen hat Schröppel schon als Dreijähriger entdeckt. Damals musste er gesundheitlich auf einiges verzichten und beschloss dann mit sechs Jahren, später einmal Koch zu werden, um alles nachzuholen. Diese Begeisterung für gutes Essen hat ihn zum Glück bis heute nicht verlassen.

FAZIT

Auch für den kleineren Appetit, das schnelle Frühstück vor der Arbeit und den veganen Kunden,

Das günstigste Frühstück
„Unser schnelles Frühstück"
Croissant, Butter, Konfitüre, Baguette) 3,50 €

Das teuerste Frühstück
„Frühstück Amerika"
(zwei Rühreier, Speck, frische Buttermilch, Pancakes, Ahornsirup, Hashy Brown, Würstchen, Apfel, Butter, bunter Obstsalat, Baguette) 12,80 €

LIEBLINGSFRÜHSTÜCK

Georg frühstückt tendenziell süß, aber durch die Jahre in Asien und letztlich auch durch seine japanische Frau gerne auch Fisch und eine Miso-Suppe.

bietet die Karte einen preiswerten Imbiss. Man sitzt im Grünen, egal ob im wunderbaren modernen Wintergarten oder an den prächtigen Blumenbeeten am Springbrunnen im Garten. Eine entspannte Oase, nur einen kleinen Spaziergang durch den romantischen Park von der Altstadt entfernt. Das „Schweizer Haus" ist mit seinem nostalgisch ländlichen Charme am Rande des Dörnbergparks nicht nur zum Frühstück ein echter Geheimtipp für Anspruchsvolle.

BESONDERHEITEN

veganes Frühstücksangebot · regionale Zutaten · selbst zusammenstellbar ·

Frühstück an allen Öffnungstagen verfügbar · kinderfreundlich · W-LAN · Reservierung erforderlich (Wochenende)

Schierstadt

Schierstadt
BAR & CAFE

ESPRESSO-INDEX

Espresso: 1,60 €
Cappuccino: 2,70 €
Frühstück:
3,70 – 13,50 €

Der Regensburger Ortsteil Stadtamhof verfügt über ein bunt gemischtes Angebot an Frühstücksgelegenheiten. Seit 2000 führen Alexander Irmisch-Hergert und Maximilian Keser das Schierstadt, das früher als Schreibwarenladen, später dann als Metzgerei und Hanfladen genutzt wurde. Nicht nur das Frühstücksangebot trifft den Nerv von Jung und Alt, Studenten, Familien mit Kindern oder auch Touristen, die sich auf der Durchreise befinden. Die kleine, aber feine Karte des Lokals beinhaltet auch leckere Snacks und wechselnde Gerichte. Wer einen Platz auf dem Freisitz ergattert, kann – neben einem reichhalti-

UNSER TIPP

Lassen Sie sich nach „Rom" entführen! Dieses Ziel werden Sie sicherlich nicht bereuen. Für nur 8,80 € werden Sie mit hausgemachter Konfitüre, italienischer Salami, luftgetrocknetem Schinken, Mozzarella mit Tomate und frischem Basilikum, selbstgemachter italienischer Creme (mit Frischkäse, getrockneten Tomaten und Oliven), Butter und Baguette – ohne Heißgetränk – verwöhnt.

gen Frühstück – den wunderbaren Ausblick auf die Steinerne Brücke und den Dom genießen. Alexander Irmisch-Hergert, der gebürtig aus Berlin stammt, ist seit 1995 in Regensburg. Sein Herz schlägt gleichermaßen für die Gastronomie und die Musik. Und sein Faible für Konzerte spiegelt

Inhaber
Alexander Irmisch-Hergert
Maximilian Keser

Kontakt
An der Schierstadt 1
93059 Regensburg
09 41 / 8 70 07 62
info@schierstadt.de
www.schierstadt.de

Öffnungszeiten
Mo – Do 9.00 – 23.00 Uhr
Fr / Sa 9.00 – 1.00 Uhr
So 9.00 – 23.00 Uhr

Frühstückszeiten
bis 13.30 Uhr

Räumlichkeiten
Lokal: 40 Plätze
draußen: 48 Plätze

Brot
Italienisches Brot, Baguette

Sonstige Speisen
Rühr- und Spiegeleier, Omelett, Toast, Suppen, wechselndes Mittagsgericht, Salate, hausgemachte Kuchen

Sonstiges
Monatlicher Jazzabend im Herbst / Winter bei freiem Eintritt

sich auch im Schierstadt wider: Im Herbst und Winter findet einmal pro Monat (bei freiem Eintritt!) ein Jazzabend statt, in der Weihnachtszeit gibt es regelmäßig ein Konzert. Gemeinsam mit seinem Team sorgt Irmisch-Hergert mit seiner unaufdringlichen, aber verbindlichen Art dafür, dass sich die Gäste „An der Schierstadt 1" schnell wohlfühlen. Die Frühstückskarte lädt zu einer kleinen Reise durch die Metropolen dieser Welt ein, bei der vor allem die selbstgemachten Marmeladen und Aufstriche begeistern.

Das günstigste Frühstück
„Express" (Hausgemachte Konfitüre, Butter, Baguette) 3,70 €

Das teuerste Frühstück
„Metropolis" (Hausgemachte Konfitüre, gekochter Schinken, luftgetrockneter Schinken, italienische Salami, Lachs mit Meerrettich und frischem Dill, Brie, Emmentaler, Mozzarella mit Tomate und frischem Basilikum, kleiner Joghurt mit Früchten, Butter, Baguette, kleiner Orangensaft) 13,50 €

BESONDERHEITEN

veganes Frühstücksangebot · regionale Zutaten · hausgemachte Marmeladen · Brotmenge unbegrenzt · Frühstück an allen Öffnungstagen verfügbar · kinderfreundlich · W-LAN · Reservierung erforderlich (Wochenende)

FAZIT

Auch das Schierstadt ist jederzeit eine Reise wert. Dank des bunt gemischten Publikums findet jeder Gast seinen passenden Wohlfühlplatz. Zwischen 9 und 13.30 Uhr erwartet Sie hier täglich ein kleines, aber feines Frühstücksangebot, das für jeden Geschmack das Richtige bietet. Tauchen Sie ein in Stadtamhof, die kleine schöne Perle mit dem ganz eigenen Lebensgefühl, direkt in der Domstadt.

LIEBLINGSFRÜHSTÜCK

Wenn es die Zeit erlaubt, freut sich Alex morgens auf ein Spiegelei, Joghurt und Müsli mit frischen Früchten und einen Cappuccino.

MARTIN SPERGER

***1975 IN REGENSBURG**
GESCHÄFTSFÜHRER BRAUEREI KNEITINGER
WOHNT IN WACKERSDORF

Martin Sperger ist ein echter Wirtshausbua und in einer Gastwirtsfamilie aufgewachsen. Nach erfolgreicher Ausbildung zum Industriekaufmann ist er mittlerweile seit 1998 in der Getränkebranche tätig. 2010 wechselte er von Coca-Cola zur hiesigen Brauerei Kneitinger. Dort ist er als Geschäftsführer für die Belange des Bieres mit dem bekannten (Ziegen-)Bock zuständig.

FRÜHSTÜCK – DES MOG I

Je nach Zeitfenster variiert mein Frühstück vom Müsli bis hin zu Rührei oder ich gehe gleich zur Weißwurst über.

FRÜHSTÜCK – DES MOG I GAR NED

Bis auf das klassisch englische Frühstück mit Bohnen und Würstchen bin ich für alles zu haben. Allerdings würde ich mir auch nie ein englisches Frühstück bestellen.

LIEBLINGS-FRÜHSTÜCKSLOKAL

Rinaldi … mit meiner Frau

„VIELE STÄDTE BEHAUPTEN VON SICH, SCHÖN ZU SEIN. REGENSBURG IST ES TATSÄCHLICH."

WARUM BEGEISTERT DICH REGENSBURG?

Durch meine berufliche Tätigkeit durfte ich viele Städte besuchen. Dabei lernt man wirklich zu schätzen, was man zuhause hat. Regensburg hat ein besonderes Flair und genau die richtige Mischung aus Tradition und Moderne, ohne dabei „aufgesetzt" zu wirken.

WAS VERBINDET DICH DAMIT?

Die Stadt hat mich immer begleitet, sei es durch die Schulzeit oder durch die Arbeit. Natürlich habe ich auch einige Jahre in Regensburg gewohnt (quasi in meiner Sturm- und Drangphase), auch das war für mich eine grandiose Erfahrung. Heute fühle ich mich mit meiner Familie außerhalb allerdings auch sehr wohl.

WAS BEINHALTET FÜR DICH EIN GUTES FRÜHSTÜCK?

Das Frühstück stellt für mich einen hohen Stellenwert dar, weil es oft die einzige Zeit des Tages ist, zu der ich meine ganze Familie antreffe. Auch beim Frühstück mit Freunden ist mir die Gemeinschaft extrem wichtig. Zu einem guten Frühstück gehört in meinen Augen eine große Auswahl an verschiedenen Semmeln, Brot und Brezn und natürlich aber auch Wurst und Marmelade dazu. Dafür kann ich auf diverse Deko-Elemente am Teller sehr gut verzichten.

WAS MÖCHTEST DU DEN LESERN MIT AUF DEN WEG GEBEN?

Ich halte es da mit zwei bayerischen Urgesteinen. Die Aussage „Leid, seids freindlich" von Hans-Jürgen Buchner symbolisiert für mich ein Stück weit bayerische Gelassenheit, die manchem Zeitgeist unserer Tage fehlt. Und darüber hinaus bin ich natürlich mit Karl Valentin einer Meinung, der sagte nämlich damals schon: „Leid, sauft's ned so vui, trinkts a Bier."
Dazu gibt es nicht mehr zu sagen.

„VERSUCHUNGEN SOLLTE MAN NACHGEBEN, WER WEISS, WANN SIE WIEDERKOMMEN.“

OSCAR WILDE

Scholz

Das Café Scholz ist mittlerweile aus der Regensburger Gastronomie nicht mehr wegzudenken. Nicht nur Studenten oder Geschäftsleute, sondern auch ältere Gäste und Familien schätzen das zentral am Dachauplatz gelegene Lokal. Es besticht durch die moderne Einrichtung im Industriedesign und die großzügige Sonnenterrasse. Das Scholz kann man durchaus als variationsfähig bezeichnen. Vom Frühstück über das Mittagessen bis hin zum nächtlichen Cocktail finden die Gäste hier eine breite Auswahl an guten Speisen und Getränken vor. Seit der Eröffnung im Jahre 2006 ist es in der Hand von

ESPRESSO-INDEX

Espresso: 2,00 €
Cappuccino: 2,90 €
Frühstück:
5,90 – 14,90 €

Bahador Sartip und Roy Müller, und somit zwei bekannten Größen, die man in der Regensburger Gastronomie durchaus kennt. Den Begriff „After Work" hat wohl kein Lokal so geprägt und das bewährte Konzept mit Live-Musik im Winter oder

UNSER TIPP

Wählen Sie das „Strack"! Hier bekommen Sie gebeizten Graved Lachs, Tête de Moine, Mondseer Käse, Ziegencamembert mit Feigensenf, 2 Rühreier, Vanillequark mit Walnüssen & Honig, Butter, einen Brotkorb und frisches Obst für 14,90 € (ohne Heißgetränk). Der Günter (Strack) ist nicht nur optisch schön anzusehen, er verfügt auch über die entsprechenden inneren Werte und schmeckt.

Inhaber
Bahador Sartip
und Roy Müller

Kontakt
D.-Martin-Luther-Straße 2
93047 Regensburg
09 41 / 4 65 94 41
info@scholz-regensburg.de
www.scholz-regensburg.de

Öffnungszeiten
Mo–So 9.00 – 24.00 Uhr
Fr–Sa 9.00 – 1.00 Uhr
So / feiertags
10.00 – 24.00 Uhr

Frühstückszeiten
bis 15.00 Uhr

Das günstigste Frühstück
„Alexander" (Croissant mit hausgemachter Marmelade, Butter und frischem Obst)
5,90 €

Das teuerste Frühstück
„Kinski" (Roastbeef, gebeizter Graved Lachs, Parmaschinken, Käse, 2 Rühreier, Ananas-Bananenquark, Croissant, Honig, hausgemachte Marmelade, Butter, Brotkorb, frisches Obst)
14,90 €

Räumlichkeiten
Lokal: 68 Plätze
Freisitz: 120 Plätze

Brot
Baguette, Vollkornbaguette, Toastbrot (Wochenende)

Sonstige Speisen
Weitreichende Karte mit verschiedenen Vorspeisen, Salaten, Suppen, Hauptgerichten (alles auch zum Mitnehmen)

Sonstiges
Jeden 1. Donnerstag im Monat After Work mit Live-Musik oder DJ, im Sommer: Weiße Nacht

einem DJ, jeweils am ersten Donnerstag im Monat, kommt bei den Gästen immer noch ungebrochen gut an. Das Frühstücksangebot ist umfassend und nach bekannten Schauspielern benannt. Hinter jedem Frühstück versteckt sich übrigens auch ein Ei. In punkto Ware greift man auf lokale Lieferanten wie das „Il Mercato" zurück. Die Wurst wird natürlich am Stück gekauft und für das Frühstück frisch aufgeschnitten. Wer z. B. über eine Unverträglichkeit wie Gluten verfügt, darf übrigens sein Brot selbstverständlich selbst mitbringen.

FAZIT

Die Frühstückskarte im Scholz kann sich sehen lassen! Genauso wie ihre wohl filmisch unter-

schiedlichen Vorlieben finden die Gäste auch auf der Karte ein Frühstück, das ihnen Abwechslung auf dem Teller und gute Unterhaltung für ihren Gaumen beschert. Parken lässt sich bequem und nah im Parkhaus am Dachauplatz.

BESONDERHEITEN

veganes Frühstücksangebot · glutenfrei · regionale Zutaten · selbst zusammenstellbar · inklusive Heißgetränk · hausgemachte Marmeladen · Brotmenge unbegrenzt · Frühstück an allen Öffnungstagen verfügbar · barrierefrei · kinderfreundlich · W-LAN · Reservierung erforderlich (Wochenende)

LIEBLINGSFRÜHSTÜCK

Bahador frühstückt gerne frisch geröstetes Brot mit Avocado und Spiegelei.

Taracafé

taracafé

ESPRESSO-INDEX

Espresso: 1,90 €
Cappuccino: 2,90 €
Frühstück:
4,00 – 18,00 €

Gleich um die Ecke der Fußgängerzone, am Brixener Hof 5, liegt etwas unscheinbar das Taracafé. Doch wer das kuschelige Innere betritt, wird eine Offenbarung erleben. Tara bedeutet im Indischen „weibliche Vollkommenheit und höchste Form der Erleuchtung" und tatsächlich wird einen in diesem Café so manches erleuchten. Zum einen die Philosophie des Cafés, das Teil des Yogastudios Tarayoga ist. Es trägt nicht nur vegan, sondern auch organic und fair im Herzen, denn Tara bedeutet auch Mitgefühl und langes Leben. Ganz in diesem Sinne werden hier auch ausschließlich saisonale, möglichst regionale

UNSER TIPP

Tara 4 two (ohne Heißgetränk) - Scrambled Tofu mit Gemüse, Rohkostsalat, zwei Blini und hausgebackenes Brot, dazu süße und herzhafte Aufstriche. Die leckere Zimtschnecke für den Gusto nach Süßem und der fruchtig-frische Frühstücks-Bowl machen die Sache rund. Mit zwei Gläsern Gemüse- oder Fruchtsaft für 28 € bietet diese Vielfalt nicht nur ein ausreichendes und trotzdem leichtes Frühstück, es ist auch für zwei Personen eine gute und gesunde Basis für den ganzen Tag.

und ausschließlich biozertifizierte Zutaten verwendet. Estella Schweizer, die junge, dynamische Betreiberin, interessierte sich schon als Elfjährge für gesunde Ernährung. Seither kocht und bäckt mit viel Liebe und Überzeugung gesund und alternativ. Estella kam über Umwege zu ihrem heutigen Beruf, eigentlich hatte sie studiert und nur nebenbei in der Gastro gejobbt, dann aber bald als Assistentin der Geschäftsleitung in einem Lokal in Freiburg gearbeitet. Etwas später wagte

Inhaber
Katharina Stern
Betreiberin: Estella Schweizer

Kontakt
Am Brixener Hof 5
93049 Regensburg
09 41 / 64 63 55 41
info@taracafe-regensburg.de
www.taracafe-regensburg.de

Öffnungszeiten
Mo 11.30 – 19.00 Uhr
(im Sommer bis 18 Uhr)
Di – Sa 9.00 – 19.00 Uhr
(im Sommer bis 18 Uhr)

Frühstückszeiten
bis 11.30 Uhr

Ruhetag
Sonntag

Das günstigste Frühstück
Zimtschnecke 4,00 €

Das teuerste Frühstück
„Tara-Frühstück" (Scrambled Tofu mit Gemüse, Rohkost-Salat, einem Blini & hausgebackenem Brot. Dazu herzhafte & süße Aufstriche und ein Glas Gemüse- oder Fruchtsaft) 18,00 €

Räumlichkeiten
Lokal: 24 Plätze
Freisitz: 6 Plätze

Brot
Selbstgebackene glutenfreie Brote: Omegabrot, Saatenbrot, Hafer-Hirsebrot, Amaranthbrot

Sonstige Speisen
pflanzlich-kreative Gemüseküche, Bio-zertifiziert, organic, fair – von süß bis herzhaft; täglich wechselnde Menüs mit warmem Hauptgericht und Salat (meist mehr Hülsenfrüchte- oder Getreidesalat und Gemüserohkost, weniger der übliche grüne Blattsalat), besonders lecker auch der hausgemachte Hummus und die herzhaften und süßen Aufstriche

sie den Sprung in die Selbständigkeit und begann Kochkurse zu geben – auch das so ungewöhnlich wie erfolgreich. Eher zufällig kam Estella nach Regensburg zurück, wo das Yogastudio mit dem kleinen Café am Brixener Hof schon förmlich auf sie wartete. Auch wenn sie in der Seele immer Freiburgerin geblieben ist, sind ihr das Café, die Regensburger und ihre Gäste mittlerweile sehr ans Herz gewachsen. Inzwischen gibt es hier auch Getränke to go im umweltbewussten Recup und hausgemachte Tagesbowl im Glas to go, denn Kreativität und Nachhaltigkeit sind dem Team des Taracafés wichtig. Daher sollte man sich unbedingt die Zeit nehmen und an der bunten Kuchentheke eine der neuen Kreationen aus Estellas Backstube und eines der außergewöhnlichen Heißgetränke für sich entdecken!

FAZIT

Das zertifizierte Bio-Café beweist mit seinem wachsenden Kundenstamm, dass vegane Ernährung keinen Verzicht bedeutet, sondern purer Genuss sein kann. Wer also schlemmen möchte und dabei cholesterin-, laktose- und sogar glutenfrei seiner Gesundheit etwas Gutes tun will, ist in der entspannten Atmosphäre des modernen Cafés genau richtig. Der offerierte Ingwer-Imun-Shot ist gut für Körper und Geist. Das Taracafé hat auch bei unserem Besuch einen ganz besonderen und langanhaltenden Eindruck hinterlassen. Man muss weder Vegetarier noch Veganer sein, um hier zum Stammkunden zu werden – Geschmack überzeugt jeden!

Sonstiges

Kaffee: Kaffee Manufaktur (Obere Bachgasse); regionale Zutaten vom Öko-Ring; das Lokal wurde von Vanilla Bean und PETA Deutschland ausgezeichnet und wurde unter die Top 100 veganer Lokale 2017 gewählt, erlangte im bundesweiten Gesamt-Ranking Platz 3, im Bereich „Healthy Cuisine" sogar Platz 1

BESONDERHEITEN

veganes Frühstücksangebot · glutenfrei · regionale Zutaten · selbst zusammenstellbar · · · · Frühstück an allen Öffnungstagen verfügbar · · · W-LAN · Reservierung erforderlich (Wochenende)

LIEBLINGSFRÜHSTÜCK

Estella beginnt den Tag mit Hirsebowle, Porridge, Cashewnuss-Joghurt oder Bananenbrot mit Nussmus.

Urban Coffee

URBANCOFFEE

ESPRESSO-INDEX

Espresso: 1,90 €
Cappuccino: 2,90 €
Frühstück:
3,90 – 8,90 €

Direkt an der Ecke zum schönsten Salon Regensburgs, dem Haidplatz, liegt ein Kleinod, das wir Ihnen nicht vorenthalten wollen. So klein und fein, wie das charmante Café mit seinem modernen Ambiente uns begeistert, so klein und fein ist auch die Karte – dafür aber eben ganz speziell. Die Marmeladen sind hausgemacht und das schmeckt man auch sofort. Auch das Avocadobrot mit Spiegelei ist ein kulinarischer Traum. Selbst der Kaffee ist speziell, er stammt von der Familienrösterei Wild aus Garmisch, die nicht nur für die besondere Beschaffenheit der Kaffeebohnen bekannt ist, sondern auch für den verantwortungsbewussten Umgang mit den Erzeugern. Nur die hochwertigsten Bohnen finden hier den Weg zum Gaumen der Gäste und sind auch vor Ort im Urban Coffee zu erwerben. Erst seit Dezember 2017 ist das kleine Café unter der Leitung von Juraj Sobolic hier am Puls der Stadt vertreten. Der promovierte Jurist hat

UNSER TIPP

Wir konnten Ham and Eggs nicht widerstehen und waren damit very happy. Der Schwarzwälder Schinken und die Eier sind knusprig und lassen einem das Wasser im Munde zusammenlaufen. Das mit Käse überbackene Baguette ist eine Gaumenfreude und macht zudem richtig satt. Auch wenn englisches Frühstück sonst keinen guten Ruf genießt – der Klassiker „Ham and Eggs" für 5,90 € (ohne Heißgetränk) kann man hier wirklich empfehlen – we were very amused.

Inhaber
Juraj Sobolic

Kontakt
Haidplatz 5
93047 Regensburg
09 41 / 38 23 10 63
info@urban-regensburg.de
www.urban-regensburg.de

Öffnungszeiten
täglich 9.00 – 19.00 Uhr

Frühstückszeiten
bis 14.00 Uhr

Das günstigste Frühstück
„hausgemachter Guglhupf und Tee oder Kaffee"
inkl. ☕ 3,90 €

Das teuerste Frühstück
„Urban" (Schwarzwälder Schinken, Salami, Emmentaler, Brie, Marmelade, Obstsalat und Brot) 8,90 €

nicht nur einen charmanten kleinen Akzent, sondern auch das Herz an der rechten Stelle und möchte seine Gäste nach Herzenswunsch bewirten. „Meine Heimatstadt Bratislava ist Regensburg ganz ähnlich, auch dort prägen die Stadt historische Gebäude und ein junges, pulsierendes Leben, mit vielen Studenten." Auch vor dem Start in ein neues Caféleben verwöhnte in den Räumlichkeiten bereits die Konditorei Chocolat ihre Kunden. Diese Leckereien sind noch immer hier zuhause und bringen das Urban Coffee mit jungem Spirit in die neue Zeit. Gesunde Produkte aus der Region liegen dem jungen Vater Juraj sehr am

Räumlichkeiten
Lokal: 21 Plätze
Freisitz: 6 Plätze

Brot
Vollkornbrot, Baguette, Brezen

Bäcker
Ebner, Biendl und Weber

Sonstige Speisen
Leckere hausgemachte Hummusvarianten; der ebenfalls selbst gebackene Guglhupf nach altem Rezept verspricht ein Déjà-vu in die Kinderzeit.

Sonstiges
Die Kuchen von der Konditorei Chocolat in Tegernheim haben nicht umsonst ihren verführerischen Ruf. Die speziellen Kaffeeröstungen gibt es auch in kleinen Gebinden zu kaufen für zuhause.

LIEBLINGSFRÜHSTÜCK

Juraj frühstückt am liebsten mit seiner Familie zusammen Müsli mit Joghurt oder einen Smoothie.

Herzen und einen „Kinder-Cappu" für die kleinen Gäste gib es immer for free. „Demnächst möchten wir auch eigene Müslis zum Mitnehmen anbieten", erzählt der sympathische Cafébesitzer, während er ein herrlich duftendes Frühstück zaubert.

FAZIT

Im Urban Coffee ist es so angenehm kuschelig wie im eigenen Zuhause – mit dem kleinen Unterschied, dass Sie hier freundlich bedient werden und sich auf tolle Produkte freuen dürfen. Mit etwas Glück erhascht man bei schönem Wetter auch eines der drei Tischchen vor dem jungen Lokal und kann das tägliche Schauspiel der flanierenden Gäste am Haidplatz beobachten.

BESONDERHEITEN

· regionale Zutaten · selbst zusammenstellbar · · hausgemachte Marmeladen · Brotmenge unbegrenzt · Frühstück an allen Öffnungstagen verfügbar · · kinderfreundlich · W-LAN · Reservierung erforderlich (Wochenende)

EVELYN WEIGERT

***1988 IN REGENSBURG**
MODERATORIN, SÄNGERIN, MALERIN
WOHNT IN BERLIN

Evelyn ist definitiv ein Naturtalent, die ihren Weg beim Musikstudium fand. Bald folgte ein Plattendeal mit BMG, einer internationalen Musikproduktion. Beim Moderatorentraining in Frank Elstners Masterclass stach ihr Talent zum Entertainment heraus und so kam, kurz nach Abschluss ihrer Ausbildung zur Moderatorin, die Anfrage des größten deutschen TV-Senders und ProSieben holte sie zur Gameshow „Himmel und Hölle". Mit Mamas Rezepten grillte sie bereits zweimal höllisch den Henssler und steuerte mit der ihr eigenen Lässigkeit den „Schlager-Bulli" u.a. mit Michael Holm auf einer mitreißenden Reise durch seine Hits.

FRÜHSTÜCK – DES MOG I

Es muss auf jeden Fall etwas Warmes sein. Ich esse nie kalt.

FRÜHSTÜCK – DES MOG I GAR NED

Labbrigen Speck.

LIEBLINGS-FRÜHSTÜCKSLOKAL

„Tiger Bagel" in der Oberen Bachgasse 20.
Die haben genau das, was ich will, knusprige warme Bagels!

„HIER IST DIE WELT NOCH IN ORDNUNG!“

WARUM BEGEISTERT DICH REGENSBURG?

Nachdem ich jetzt sehr lange in Berlin lebe, begeistert mich die friedliche und idyllische Stimmung in meiner alten Heimatstadt immer wieder aufs Neue. Bei meinen Besuchen in der Heimat denk ich jedes Mal: „Hier ist die Welt noch in Ordnung!“

WAS VERBINDET DICH DAMIT?

Ich hab hier bis 21 gelebt. Mit Regensburg verbindet mich eine glückliche Kindheit und eine turbulente Schulzeit. Mit der Schule als Institution hatte ich so meine Probleme – die logische Folge war ein vorzeitiges Ende meiner schulischen Karriere mit 15 Jahren. Die Zeit danach während der Ausbildung zur Krankenschwester war interessant, dann habe ich tolle Erfahrungen beim Jazzgesang-Studium am MusicCollege in Regensburg gesammelt. Vor allem aber habe ich schöne Erinnerungen an diese alte, junge Stadt und natürlich lebt meine fantastische Familie ja auch hier. Ich freue mich immer wieder hierher zu kommen.

WAS BEINHALTET FÜR DICH EIN GUTES FRÜHSTÜCK?

Ich bin eigentlich kein Frühstückstyp, deshalb würde ich sagen: etwas Geiles!

WAS MÖCHTEST DU DEN LESERN MIT AUF DEN WEG GEBEN?

Liebt euch selbst und seid nett zueinander, alles andere ist dumm!

VINCENT by MULEMI

VIN
CEN
T

ESPRESSO-INDEX

Espresso: 1,80 €
Cappuccino: 2,80 €
Frühstück:
3,70 – 10,40 €

Seit das Vincent by Mulemi im April 2017 in der Grasgasse, unweit der Maximilianstraße, Einzug gehalten hat, befindet sich dort eine überaus charmante Anlaufstelle für ein bunt gemischtes Publikum. Hier ist man goldrichtig, wenn man Wert auf guten Wein legt, aber ebenso die bodenständige, aber pfiffige Küche von Inhaberin Leila Fehric schätzt. Die erfahrene Gastronomin, die vielen Regensburgern bekannt sein dürfte, hat sich mit dem kleinen Café ihren persönlichen Traum erfüllt und damit einen Ort geschaffen, an dem sie selbst für den Gast da ist. Und dieser Traum hat sich inzwischen zu einem wahren

Familienunternehmen entwickelt. Dafür steht auch der Zusatz „by Mulemi", denn dahinter verbergen sich nichts anderes als die Anfangsbuchstaben ihrer Familienmitglieder. „Ich möchte meine Gäste herzlich empfangen. Mir ist wichtig, dass ich selbst jeden Tag in meinem Café stehe", lächelt die gebürtige Heilbronnerin, die eigentlich vor Jahren im Designbereich in der Modebranche

UNSER TIPP

Darf es heute mal vegetarisch sein? Dann wird Sie „Susa" definitiv begeistern: Verschiedenste Käsesorten (von mild bis würzig), Frischkäse, Feigensenf, hausgemachte Marmelade, Butter, ein Joghurt mit Knuspermüsli und ein gemischter Brotkorb für 10,40 € – ohne Heißgetränk – lassen das Herz eines jeden Käseliebhabers absolut höher schlagen!

Inhaber
Leila Fehric

Kontakt
Grasgasse 10
93047 Regensburg
09 41 / 38 22 55 98
info@vincent-mulemi.de
www.vincent-mulemi.de

Öffnungszeiten
Mo – Mi 8.00 – 22.00 Uhr
Do – Sa 8.00 – 1.00 Uhr
So 8.00 – 14.00 Uhr

Frühstückszeiten
Mo – Fr 8.00 – 12.00 Uhr
Sa / So 8.00 – 14.00 Uhr

Räumlichkeiten
Lokal: 40 Plätze
Freisitz: 10 Plätze

Brot
Täglich frisch aufgebacken

Sonstige Speisen
Spiegeleier, Omelett, täglich wechselnde Mittagsgerichte (Wochenkarte), große Auswahl an Antipasti (selbst zusammenstellbar)

Sonstiges
Alle zwei Monate Weindegustation,
1x pro Monat DJ / Live-Musik,
kann für geschlossene Gesellschaften gemietet werden

startete. Dennoch würde sie ihren jetzigen Job wohl freiwillig nie wieder tauschen. Jedes Frühstück wird in der „Open Kitchen" direkt vor den Augen des Gastes frisch zubereitet und angerichtet. Eingekauft wird alles am Stück und frisch auf Zuruf geschnitten. Der Kaffee stammt von „Rehorik", die Weine liefert Christian Thoma. Leilas Gäste schätzen aber vor allem ihre schmackhaften Eiergerichte. Hier reicht die großzügige Auswahl vom herzhaften Omelett bis hin zum klassischen Spiegelei. Seit kurzem zählt übrigens auch das nahegelegene Altstadthotel „L'Ostello" zur Vincent-Familie und die Hotelgäste kommen ebenso in den Genuss von Leilas Leckereien.

Das günstigste Frühstück
„Momo" (Croissant mit Butter und hausgemachter Marmelade) 3,70 €

Das teuerste Frühstück
„Bruni" (Leberwurst, Eieromelett mit Schinken oder 2 Spiegeleier, Grillgemüse, Butter, Bauernbrot) 10,40 €

FAZIT

Das Vincent ist noch ein echter Geheimtipp und damit ein Lokal, das Sie unbedingt einmal testen sollten. Ein Café, das mit seiner modernen Einrichtung genauso gut in Berlin angesiedelt sein könnte – aber durch die Persönlichkeit von Leila und ihrem Team so viel Charme versprüht, dass Sie sich im Nu „zuhause“ fühlen und bei der Verabschiedung mit einem großen Lächeln bereits wieder auf Ihren nächsten Besuch freuen.

BESONDERHEITEN

glutenfrei · regionale Zutaten · selbst zusammenstellbar · hausgemachte Marmeladen · Brotmenge unbegrenzt · Frühstück an allen Öffnungstagen verfügbar · kinderfreundlich · W-LAN ·

LIEBLINGSFRÜHSTÜCK

Leila liebt Omelett mit Creme fraiche und Räucherlachs.

Weichmanns

WEICHMANNS

ESPRESSO-INDEX

Espresso: 1,90 €
Cappuccino: 2,90 €
Frühstück:
5,50 € *inkl.* – variabel
(selbst zusammenstellbar)

Jahrelang war die frühere Kunstschmiede „Weichmanns“ durch den gleichnamigen Metallbildhauer eher Kunstliebhabern als der Kulinarik vorbehalten. Seit Ende 2016 hat sich hier der Wind gedreht. Nun findet man im Weichmanns ein reichhaltiges Frühstücksangebot, leckere Croissants, die übrigens selbst nach eigenem Rezept hergestellt werden, besondere Drinks und ein wunderbares Ambiente, das durch den zauberhaften Innenhof abgerundet wird. Bereits mit 15 Jahren entdeckte die Betreiberin Sophie Neppl, klassisch neben der Schule, ihre Freude am Kellnern. Nach erfolgreichem Abitur und BWL-

Studium stellte sie allerdings endgültig fest, dass sie doch eher der „praktische Typ" ist und freut sich heute immer noch darüber, dass sie den endgültigen Schritt in die Gastronomie gewagt hat. Für sie sind die Räumlichkeiten und Gegebenheiten nach wie vor ein Glücksfall. Immer noch prägen das Lokal zahlreiche Kunstgegenstände und besondere Fotografien, dennoch erkennt man inzwischen eine ganz eigene, neue Handschrift. Der wunderschöne kleine Innenhof kann übrigens –

Inhaber
Sophie Neppl
WEISOBETZ GmbH

Kontakt
Gesandtenstraße 11
93047 Regensburg
09 41 / 58 62 83 55
info@weichmanns.com
www.weichmanns.com

Öffnungszeiten
Di–Do 9.00–23.00 Uhr
Fr 9.00–24.00 Uhr
Sa 10.00–24.00 Uhr
So 10.00–19.00 Uhr

Frühstückszeiten
bis 14.00 Uhr

Ruhetag
Montag

UNSER TIPP

Satt – zufrieden – glücklich! Wir haben uns für Graved Lachs mit Meerrettich, etwas Käse, Butter und natürlich einen Brotkorb entschieden und dies keine Sekunde bereut. Um den süßen Hunger zu stillen, gab es außerdem frisch gebackene Waffeln mit Ahornsirup. Für insgesamt 17,10 € bekamen wir zu zweit außerdem noch einen Cappuccino und einen heißen Kaffee Crema.

Räumlichkeiten
Lokal: 60 Plätze
Freisitz: 40 Plätze

Brot
Baguette, Vollkorn, Croissant

Bäcker
Dorfbackhaus

Sonstige Speisen
Wechselnde Mittagsgerichte (auch vegetarisch), Quiche, hausgemachte Croissants, Kuchen auf Bestellung aus eigener Backstube

Sonstiges
Schöne Kunst im Raum, die z. T. auch gekauft werden kann

dank Heizstrahler und einer großzügigen Markise – auch im Winter genutzt werden. Neben einem festen Angebot lässt die „Wünsch-dir-was-Karte" keinen Wunsch offen: Hier kann der Gast nämlich frei wählen, was er am liebsten auf dem (Frühstücks-)Teller vorfinden möchte. Das Angebot reicht von den üblichen Klassikern bis hin zu frischen Waffeln, Müsli und diversen Eiergerichten.

Das günstigste Frühstück
„Kleines Frühstück" (Hausgemachtes Croissant, hausgemachte Marmelade, Butter)
inkl. ☕ 5,50 €

Das teuerste Frühstück
„Weichmanns für 2" (Eierspeisen nach Wahl, Salami, Schinken, Käse, frische Früchte, Joghurt, frisch gepresster O-Saft, Brotkorb, Croissant, Marmelade, Butter)
inkl. ☕ 24,90 €

LIEBLINGSFRÜHSTÜCK

Sophie ist bekennende Croissant-Liebhaberin. Ein frisches Croissant ist für sie ein Muss für den Start in den Tag.

FAZIT

Das Weichmanns bietet eine bunte Mischung aus Kunsthandwerk und Kulinarik. Sophie Neppl und ihr Team bieten einen tollen Service und man fühlt sich hier sofort wohl. Wechselnde Mittagsgerichte, die es übrigens auch in vegetarischer Ausführung gibt, sowie leckere Kuchen und der abendliche Barbetrieb machen auch außerhalb des Frühstücks einen Besuch goldrichtig und lohnenswert.

BESONDERHEITEN

· regionale Zutaten · selbst zusammenstellbar · inklusive Heißgetränk · hausgemachte Marmeladen · Brotmenge unbegrenzt · Frühstück an allen Öffnungstagen verfügbar · kinderfreundlich · W-LAN · Reservierung erforderlich (Wochenende)

INSA WIESE

***1978 IN AURICH**
KÜNSTLERISCHE FESTIVALLEITERIN DER INTERNATIONALEN KURZFILMWOCHE IN REGENSBURG
WOHNT IN MÜNCHEN

Insa Wieses Herz schlägt für den (Kurz-)Film. Bereits während ihres Kunst- und Germanistikstudiums in Oldenburg hat sie eigene Kurzfilme gedreht und gemeinsam mit Freunden das Kurzfilmfestival zwergWERK organisiert. Anschließend konnte sie ganz oben im Norden beim Hamburger Kurzfilmfestival einige Jahre Erfahrung sammeln, bevor sie 2009 die Leitung der Internationalen Kurzfilmwoche in Regensburg übernahm.

FRÜHSTÜCK – DES MOG I

Vollkornprodukte, frisches Obst und Gemüse.

FRÜHSTÜCK – DES MOG I GAR NED

Produkte vom Tier. Ich lebe seit 20 Jahren vegan.

LIEBLINGS-FRÜHSTÜCKSLOKAL

Ich bin total gerne im Café Lila und mag den Kaffee im Palletti.